河南省科学技术协会科普出版资助·科普中原书系

课本里的科学
节日时空

赵蕾 著

海燕出版社
·郑州·

图书在版编目（CIP）数据

节日时空 / 赵蕾著. — 郑州：海燕出版社，2024.12
（课本里的科学）
ISBN 978-7-5350-9387-5

Ⅰ.①节… Ⅱ.①赵… Ⅲ.①小学语文课 - 教学参考资料
Ⅳ.①G624.203

中国国家版本馆CIP数据核字（2024）第027055号

节日时空
JIERI SHIKONG

出 版 人：李 勇	责任校对：李培勇
策划编辑：王茂森	责任印制：邢宏洲
责任编辑：王纪东	封面设计：尚世视觉
美术编辑：刘 瑾	版式设计：张伯阳

出版发行：海燕出版社
　　　　　地址：河南自贸试验区郑州片区（郑东）祥盛街27号　邮编：450016
　　　　　网址：www.haiyan.com
　　　　　总编室：0371-63932972　发行部：0371-65734522
经　　销：全国新华书店
印　　刷：郑州市毛庄印刷有限公司
开　　本：787毫米×1092毫米　1/16
印　　张：10.5
字　　数：230千字
版　　次：2024年12月第1版
印　　次：2024年12月第1次印刷
定　　价：32.00元

如发现印装质量问题，影响阅读，请与我社发行部联系调换。

前　言

　　2018年春天，一次偶然的支教活动，让我萌生了指导并带领大学生开展公益科普讲座的想法。回想2016年习近平总书记提出的"科技创新、科学普及是实现创新发展的两翼，要把科学普及放在与科技创新同等重要的位置"这一指示精神，我感到动力十足。

　　于是，我组织大学生志愿者成立了"手拉手烛光筑梦科普团"。随着团队的不断壮大以及科普活动的持续开展，我欣喜地看到了这项活动的意义：解决了小学生课外科普活动缺乏、孩子们成长需要科学滋养的问题；让更多的小学生体味到科学的乐趣，触摸到科普的温度；同时满足了师范类大学生需要通过开展社会实践活动提升教学能力、深化专业知识的愿望，为他们搭建在实践中增长才干、服务社会、传递爱心的平台，更为他们今后开展科普教育活动打下良好的基础；而且我多年的授课经验也可借此机会一对一地传递给大学生，进一步落实"学高为师，身正为范"的师范教育理念，可谓一举多得。

　　多年来，大学生志愿者的收获、成长以及听讲小学生的热情给了我莫大的鼓舞和力量。为了进一步扩大科普范围，让没有机会听到讲座的孩子也能获益，我决定结合小学语文课本创作科普图书。从最新部编版小学一至六年级的12册小学语文课本中挑选出130多种动物和120多种植物，按照类别融入不同主题的10章动物和10章植物中，并根据相关内容进行拓展和配图，分别组成《动物王国》和《植物天地》分册。

结合语文二年级下册《传统节日》中的春节、元宵节、清明节、端午节、七夕节、中秋节、重阳节，以及语文二年级上册《难忘的泼水节》中的泼水节，加上孩子们的节日六一国际儿童节，还有中国古代大如年的冬至节共10个节日组成《节日时空》分册，并将与每个节日有关的民俗、历史传说以及相关的物候、历法、生物和天文等知识进行了融入与拓展。

为了增强可读性，本书在写作方式上做了一些探索，每个问题通过挖掘前后内容之间的特点和内在联系而巧妙引入，加深了不同动或植物之间的相互比较；图片以动植物旁白的形式，让静止的图片鲜活起来；图注采用总结押韵式的表述方式，提高了可读性、概括性和趣味性，使读者沉浸阅读，印象深刻。另外，课本中古诗词、成语等包含的生物学知识也融入相应的章节，力求将通识教育贯穿其中，让读者感受到中国传统文化的魅力。本书既可作为小学生的知识拓展读物，又可作为小学语文教师的教学参考书。

在阅读本书之前，需要了解一下阳历与公历、阴历与农历的关系。阳历和公历都是基于太阳运行规律制定的，公历是阳历的一种，而阳历是一个更广泛的概念。阴历是根据月相变化规律制定的历法，农历是结合阴历和阳历以及与农业生产密切相关的二十四节气的阴阳合历。

本丛书得到海燕出版社的大力支持。"手拉手烛光筑梦科普团"的多位大学生志愿者参与了资料的收集、整编与图片整理工作，其中尹雪娇同学做得最多，从文稿到图片为本丛书做出了重要贡献，高璇、任雅欣等同学也参与了部分工作，在此一并表示感谢。书中的不足之处，敬请读者批评指正。

赵 蕾

2024年6月

目　录

 春　节　　/ 1

 元宵节　　/ 21

 清明节　　/ 35

 泼水节　　/ 55

 儿童节　　/ 71

 六　端午节　　　　/ 85

 七　七夕节　　　　/ 99

 八　中秋节　　　　/ 113

 九　重阳节　　　　/ 131

 十　冬至节　　　　/ 145

一 春节

春节是中国最盛大、最热闹、最重要的传统节日，然而中国历史上最早的春节并不是节日，而是特指二十四节气中的立春。正月初一在古代也不叫春节，而是叫元日。1949年，我国将公历1月1日定为元旦，正月初一定为春节。

关于春节的来历，流传着很多传说，但无论如何，大朋友和小朋友都喜欢过春节，每年只过一次春节似乎还有点不过瘾呢。

一年有可能过两次春节吗？

我国现行农历是根据地球、月亮、太阳三者运行的规律来安排的，月亮从圆到缺再到圆的时间，平均周期是29.53天，12个月为354.37天，比公历的一年少了将近11天。如果任由农历和公历之间的天数这样相差下去，就必然会出现在夏天过春节的现象。为了让二者的时间能保持相对稳定，我国采取了"十九年七闰"法，即在19个农历年中加上7个闰月，这样每隔几年，农历就有一个闰月。如果闰月发生在正月，就是罕见的闰正月，从1640年到2800年，闰正月只发生6次，分别是1640年、2262年、2357年、2520年、2539年和2634年，绝大多数人一辈子也遇不到一次。

闰正月，俩初一，首个初一为春节

虽然闰正月很少出现，没有大年三十的春节却是很平常的事，这是为什么呢？

大年三十为什么会缺席？

我们知道，月亮绕地球一圈是一个月，地球绕太阳一圈是一年，但月亮绕地球运动的同时，又随着地球一起绕太阳运动。月亮绕地球公转一圈约 27.32 天，但地球在这段时间内也绕太阳转动了一个角度，因此月亮还得再转 2.21 天才能重新回到地球和太阳正中间，即一个月的实际时间大约是 27.32 天 +2.21 天 =29.53 天。但安排月份的天数必须是整数，所以农历的大月是 30 天、小月是 29 天。如果某年腊月刚好是小月，那么这一年就没有大年三十了，除夕也就提前到了腊月二十九。进入 2000 年以后，2000 年、2001 年、2003 年、2006 年、2012 年、2013 年、2016 年、2022 年都没有大年三十。

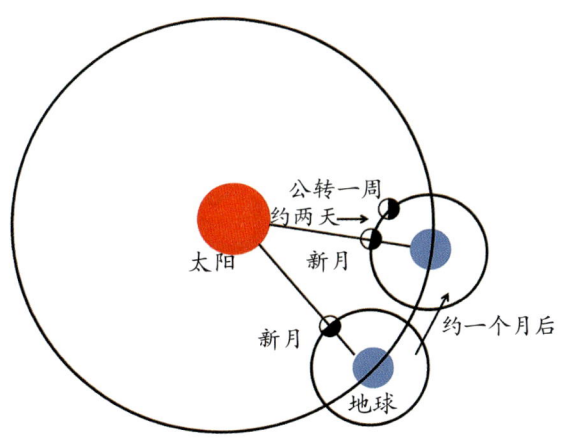

月亮走，我也走，再过两天才牵手

实际上，腊月遇上小月的时候并不少，这种情况有时候还会连续出现，比如从 2025 年开始，一直到 2029 年，连续五年都没有大年三十。

> 不管有没有大年三十，大年初一总是如约而至，但每年正月初一对应的公历日期总是变化不定，这又是为什么呢？

为什么春节的公历日期有早有晚？

春节是按农历来计的，农历与公历是两种不同的历法，如果上一个农历年没有闰月，那么下一年春节的公历日期就会比上年提前11天左右；如果上一个农历年有闰月，下一年春节的公历日期就会比上年推迟19天左右。

正月初一一般在公历1月21日至2月21日之间游动。20世纪最早的春节（1966年的1月21日）和最迟的春节（1985年的2月20日）相差整一个月。无论春节在公历中的日期如何变化，过了腊月初八的腊八节，人们通常就习惯用农历算日子了。

上年闰月春来迟，上年不闰春来早

> 随后，小年的悄然而至，更是以一种别样的祥和与期盼，为春节的喜庆和热闹拉开了序幕。

温馨而忙碌的小年

小年又称祭灶节，起源于古人对火的崇拜，是各家欢送灶神上天的节日。小年的日期经过不断演化，最终固定在腊月二十三或二十四，北方地区多在腊月二十三，部分南方地区在腊月二十四。

小年这天，人们向灶神祈求来年平安幸福、灶火兴旺，大家一起做糖瓜、吃灶糖、剪窗花。人们在忙碌和喜悦中享受着与家人团聚的温馨时光，期待着新年的到来。小年虽比不上除夕、正月初一隆重，也承载着迎新纳福、合家欢乐的美好寓意。

小年祭灶神，祈盼福禄神

> 小年过后，渐渐变浓的年味将一直持续到正月十五，那热闹的场景总会深深地印在孩子们的脑海里。

课本里的科学　节日时空

追溯远去的年味

在过去娱乐方式相对匮乏的年代里，童谣可是香饽饽。"小孩小孩你别馋，过了腊八就是年。腊八粥，喝几天，哩哩啦啦二十三。二十三，糖瓜粘。二十四，扫房子。二十五，磨豆腐。二十六，去买肉。二十七，宰公鸡。二十八，把面发。二十九，蒸馒头。三十晚上熬一宿，初一初二满街走。"这首朗朗上口的《春节童谣》，一下就把我们拽到了春节红红火火的气氛中去。

春节的庆祝活动各地虽有不同，但总体来说，除夕之前人们主要以打扫房屋、置办年货为主。除夕这一天，人们会摆上菜肴、倒上美酒，举行隆重的祭祀仪式，以追念祖先的恩德。除夕晚上，人们吃完团圆饭后，全家聚在一起守岁、燃放爆竹等。正月初一的舞狮和拜年等传统活动更是为节日增添了欢乐气氛。

小时过年图好玩，长大过年图团圆

随着时代的发展，虽然现代通信工具拉近了人们彼此之间的距离，但现在年味似乎越来越淡，爆竹声也渐行渐远了。

一 春节

爆竹爆的是真竹子吗?

春节燃放爆竹的习俗起源很早,流传多年。传说是因为"年"这个恶兽每年除夕都会到村子里伤害村民和牲畜,为了把"年"吓走,村民们就把竹子放在火里烧,因竹子焚烧发出噼噼啪啪的响声,故称爆竹。后来火药出现,人们将硝石、硫黄和木炭等填充在竹筒内燃烧,命名为爆仗。

到了宋代,民间开始普遍用纸筒和麻茎裹火药编成串做成编炮,即鞭炮,但大家仍然习惯称之为爆竹,正如宋朝王安石在《元日》中写的那样:"爆竹声中一岁除,春风送暖入屠苏。千门万户曈曈日,总把新桃换旧符。"

习俗让位环保,爆竹只能服老

> 诗中的"新桃"和"旧符"指的是新桃符和旧桃符,而桃符是经过漫长的过程才演变为春联的。

春节为什么要贴春联？

春联起源于道教的桃符。桃符就是悬挂在大门两旁的长方形桃木板，传说妖魔鬼怪都惧怕桃木，所以人们在春节时悬挂桃符用来镇邪，同时装饰门户以表达自己的美好心愿。

随着时代的发展，原来的桃符逐渐被易于书写的纸质春联所替代，人们在象征喜气吉祥的红纸上写对联，以工整、对偶、简洁、精巧的文字描绘时代背景，新春之际贴在门户两边，祈求全家的福寿康宁。另外，春节贴"福"字也是民间由来已久的风俗，大门上的"福"字正贴，有开门迎福的意思，有些"福"字会倒着贴，表示福到了。

上联：福旺财旺运气旺；下联：家兴人兴事业兴；横批：家和万事兴

> 除夕除了放鞭炮、贴春联等传统民俗活动，孩子们还常常收到长辈们的压岁钱呢。

过年为什么要给压岁钱？

除夕夜吃完年夜饭，大人们往往要将事先准备好的压岁钱送给小孩子，以祝福晚辈平安度岁。其实，最早始于汉代的压岁钱并不是流通的钱币，而是佩戴在孩子身上类似钱币形状的辟邪饰品。到了清朝，长辈们就用红绳子将仿制钱币穿起来，上面写上吉祥的祝福语挂在小孩子的房间。

由于过年又称过岁，"岁"与"祟"谐音，长辈给晚辈的应该叫压祟钱，晚辈得到压祟钱就可以祛除鬼祟；而成年晚辈给长辈的才是压岁钱，这个压岁钱的"岁"指的是年岁，有压住年岁不再增长、期盼老人长寿的意思。

小时候，老人给我压祟钱；长大后，我给老人压岁钱

> 春节是忙碌了一年的人们合家团聚的日子，家人欢聚一堂共吃年夜饭，一直是春节的重头戏。

年夜饭里的吉祥菜

从腊月初八的腊八粥到除夕的年夜饭再到正月十五的元宵，每个节日都有与之对应的美食，象征春节团圆的年夜饭还有些讲究呢。

年夜饭源于古代年终祭拜神灵与祖先后再团圆的聚餐。年夜饭餐桌上的饭菜，不仅要荤素搭配，好看好吃，还要有个好寓意，为新的一年讨个好彩头。比如，火锅寓意新的一年红红火火；鸡代表吉祥如意；芹菜的"芹"与"勤"谐音，教育小孩要勤奋好学，努力向上；白菜与"百财"谐音；年糕谐音"年高"；腐竹与"富足"谐音，祝福新的一年里财源滚滚，蒸蒸日上，生活更富有。

年夜饭，有讲究，吉祥菜，好兆头

无论过年的美食如何变化，那"清水飘芙蓉，元宝落玉盘"的饺子一直是北方地区年夜饭里必不可少的。

过年为什么吃饺子？

除夕之夜又称团圆夜，离家在外的游子不远千里赶回家，与家人围坐在一起包饺子。饺子取更岁交子之意，"子"为子时，"交"与"饺"谐音，非常吉利。

饺子的做法是先和面做成饺子皮，和面的"和"字有合的意思，象征团聚合欢；再用各种肉、蛋、海鲜、时令蔬菜等制成馅，包成形似元宝的饺子，寓意招财进宝。饺子作为一种带馅面食，最大的优点是营养丰富，有富含碳水化合物的面粉、富含蛋白质的肉以及各种蔬菜，既是主食，又兼副食，荤素搭配，有利于各种营养的均衡吸收，因此视饺子为国食并不过分。

饺子捏似月牙弯，世间最是此物鲜

> 在北方，不仅除夕、正月初一要吃饺子，就连正月初五也有吃饺子的习俗呢。

正月初五为何叫"破五"?

正月初五,又称"破五",即过年时的各种禁忌在正月初五过后可破除。很多商家常选择正月初五这天开门营业、接财神。人们还通过大扫除、倒垃圾、放鞭炮把穷神送走。正月初五进行的拜财神和送穷神活动,预示着人们在新的一年里财运亨通、健康平安。

正月初五人们还要包饺子,包饺子时的捏合动作,寓意"捏小人嘴"以免除谗言之祸,保佑家庭平安顺遂。另外,饺子形似元宝,吃饺子则象征招财进宝。家人们一起包饺子,也会增进感情交流,营造温馨和谐的节日氛围。

初五迎财神,破五送穷神

> 从营养学角度来看,饺子的做法竟然与当今的平衡膳食宝塔不谋而合。

什么是平衡膳食宝塔?

为了指导人们饮食的合理营养,中国营养学会遵循平衡膳食的原则,将中国居民的平衡膳食用宝塔的形式进行形象化组合,建议大家为了身体健康,平时的饮食结构要符合平衡膳食宝塔的比例。

平衡膳食宝塔共分五层,各层大小体现了五大类食物占比的多少。第一层谷类薯类食物是膳食能量的主要来源。第二层蔬菜、水果是鼓励多摄入的两类食物。第三层鱼、禽、肉、蛋等动物性食物是推荐适量食用的食物。第四层奶类、大豆和坚果是蛋白质和钙的良好来源。第五层作为烹饪调料必不可少的油和盐,建议不要多用。另外,适当运动和足量饮水也是非常重要的。

平衡膳食宝塔,健康饮食指南

> 平衡膳食宝塔第一层的谷类薯类食物是日常生活中吃得最多的,春节常吃的年糕也在其中。

为什么大米不黏而糯米发黏？

大米和糯米的主要成分都是淀粉，但是为什么大米和糯米的"性格"不相同呢？说来有趣，大米和糯米虽然"血统"相同，但它们的"骨骼"却不相同。

淀粉有直链淀粉和支链淀粉两类。直链淀粉分子中有几百到几千个葡萄糖单位，它们一个接一个，像一条长长的"锁链"。而支链淀粉分子中含的葡萄糖单位比直链淀粉多得多，约有1000～300000个，呈树枝状。直链淀粉可以溶于热水中，黏性比较小。而支链淀粉较难溶于水，黏性大。大米不黏而糯米发黏的原因就是大米中的淀粉是直链淀粉，而糯米中的淀粉几乎都是支链淀粉。

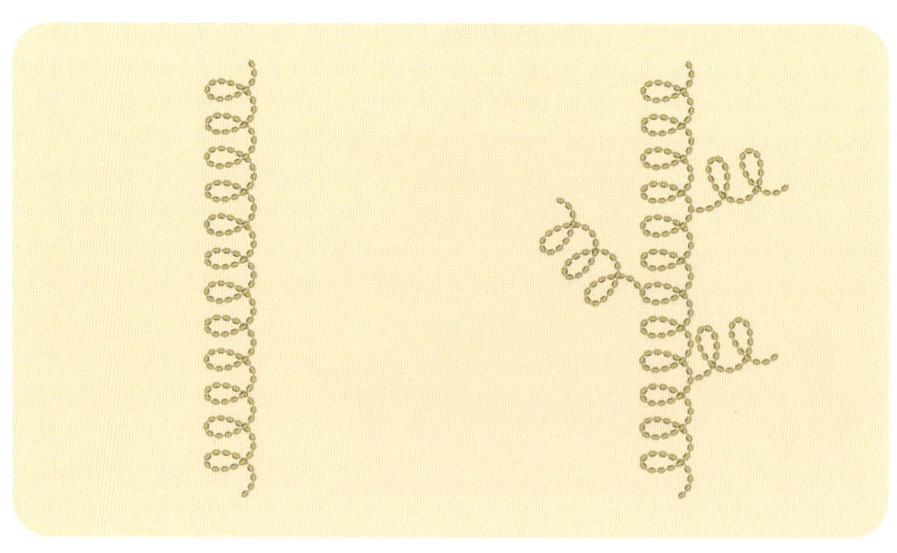

直链淀粉　　　　　　支链淀粉

> 位于平衡膳食宝塔第二层的是蔬菜、水果，如果你喜欢吃，那真的要恭喜你呢。

蔬菜、水果如何为健康保驾护航?

蔬菜、水果富含维生素,与碳水化合物和蛋白质不同的是,维生素既不组成人体细胞,也不提供能量,却在人体生长发育和代谢过程中起着重要作用,从而保证身体各项功能正常运行。

蔬菜、水果中还有一种对人体健康有益的神奇物质,它就是纤维素。纤维素是植物细胞壁的主要成分,在常温下不溶于水,所以它不被人体吸收,能在我们的肠道中像小刷子一样清理废物、润肠通便。身体里的"脏东西"少了,人自然而然就会变得更美丽了。

维生素、纤维素,人体必需营养素

> 维生素和纤维素不甜,但水果是甜的呀,水果的甜从哪里来呢?

甜甜的水果可以多吃吗？

水果甜度的高低，不仅是由其含糖量决定的，还与水果所含糖的种类有关。水果所含的葡萄糖和果糖是单糖，蔗糖是双糖，其中果糖的甜度最高。

吃甜甜的水果会不会导致蛀牙呢？水果中的果糖不容易被口腔中的微生物分解，再加上水果中的果糖被细胞壁包裹着，分解过程缓慢，所以适量吃水果不容易引起龋齿。而由水果制成的果汁中含有大量游离糖，这些游离糖会增加患龋齿的风险。

但水果中的果糖也不是绝对的健康糖。如果摄入果糖过量，大量的果糖直接到达果糖的主要代谢器官肝脏，并转化为脂肪，容易引发代谢紊乱和导致肥胖，还有增加腹泻和痛风的可能。

吃多少水果是太多呢？就拿橙子来说吧，一大杯橙汁对于小肠来说就太多啦。所以，吃水果也不能过量，吃完甜食要及时刷牙和漱口哟。

水果果糖优点多，过犹不及麻烦多

> 年夜饭的餐桌上总是少不了鸡鸭鱼肉，特别是鱼一定要有，就是想图个"年年有余"嘛。

吃鱼能促进大脑发育吗？

吃鱼的确能促进大脑发育。鱼肉不仅含有优质蛋白质和钙、磷等营养物质，还有大量不饱和脂肪酸，如DHA，即二十二碳六烯酸，俗称脑黄金。DHA是维持神经细胞生长和发育的主要成分，对大脑、眼睛的发育至关重要。尽管DHA在人体大脑皮层中的含量高达20%，在视网膜中所占比例约50%，但由于人体不能有效合成DHA，新鲜蔬菜水果又几乎不含DHA，所以必须通过其他食物进行补充。三文鱼、沙丁鱼、鳕鱼、带鱼等深海鱼是以富含不饱和脂肪酸的藻类和浮游动物为食的，因而体内含有较多的DHA，建议多食用。

与禽畜肉相比，鱼肉的肌纤维较短，蛋白质组织结构松散，更容易消化吸收。但有些含重金属多的鱼，还有容易致癌的腌制鱼最好少吃，这些鱼吃多了反而会影响身体健康。

鱼我所欲也，聪明亦我所欲也

> 春节的餐桌上有吃的，有喝的，与大人们常以喝酒来助兴不同，小孩子常喝的是饮料，你知道最好的饮料是什么吗？

为什么白开水是最好的饮料？

如果你把碳酸饮料当水喝，那麻烦可就大了！因为碳酸饮料里面的许多成分都是对人体有害的，比如碳酸会腐蚀牙齿，加速龋齿的形成，多年之后可能会成为"可乐牙"；碳酸还会影响钙的吸收，导致青少年骨骼发育缓慢，成年后容易发生骨质疏松。

另外，碳酸饮料里的蔗糖还容易引起肥胖和糖尿病，过量的人工色素、防腐剂和咖啡因对人体也没有什么好处，因此要尽量减少碳酸饮料的摄入，日常饮用以白开水、矿泉水为主。

常喝温白开，百益无一害

水是人类生命的源泉，而中华民族的精神源泉与丰富多彩的传统文化息息相关，春节就是其中之一。

只有中国过春节吗?

几千年来,中国传统的春节民俗文化源远流长、影响深远。许多国家如韩国、朝鲜、越南、泰国、新加坡、印度尼西亚、马来西亚等都和中国一样过农历春节。

各国春节的风俗并不完全相同,比如越南人过春节要包粽子吃,韩国人过春节要吃米糕片汤,马来西亚人过春节一定要买菠萝。在华裔人口占近80%的新加坡,春节的风俗更是五花八门,除了有挂红灯笼、贴对联、舞龙、舞狮等传统民俗活动,还有祈求来年好运的"捞鱼生"、寓意好事成双的"换双橘"等风俗呢。如今,中国年已经成为展示中国传统文化的独特品牌,并逐渐融入海外民众的生活,变得越来越有国际范儿。

新加坡,唐人街,新年灯笼高高挂

结语

春节起源于殷商时期岁尾年头的祭神祭祖活动，人们感谢神灵赐予阳光雨露，感恩祖先的恩典和保佑，所以春节是中国人的感恩节！家是心灵的港湾，对于远方的亲人，能够回家过年，是一年的企盼，是满满的幸福，所以春节是中国人的团圆节！春节还有一系列令人兴奋、充满激情、充满欢乐的习俗与活动，所以春节又是中国人的狂欢节！

春节不仅是全球华人心中最牢固的民族情结，也是世界了解中国传统文化的窗口与桥梁。相信具有传统基因并融合时代元素的春节文化必将承载着更多的东方魅力走向世界。

二 元宵节

　　元宵节又称小正月、元夕或灯节，是春节之后的第一个重要节日。正月是农历的元月，正月十五是一年中第一个月圆之夜，古人把夜晚称为"宵"，所以称正月十五为"元宵"。到了东汉，汉明帝引入并推崇佛教，命令百姓在正月十五这天点灯敬佛、挂灯赏灯，直至后来逐渐形成了民间盛大的节日。这天晚上，人们合家团聚，共吃元宵，出门赏月，燃放烟花，喜猜灯谜，庆贺新春的延续，好一片热闹的景象！

元宵节为啥要闹?

俗话说"正月十五闹元宵",元宵节从古至今体现的就是一个"闹"字,而且是在晚上闹。关于闹元宵的由来,民间还有三个传说呢。

汉高祖刘邦死后,其子刘盈登基为汉惠帝。汉惠帝生性懦弱,优柔寡断,大权渐渐落在其母吕后手中。汉惠帝病死后,吕后独揽朝政,把刘氏天下变成了吕氏天下。吕后死后,吕氏家族怕大权旁落,密谋叛乱。刘氏宗室齐王刘襄联合开国老臣周勃在正月十五这天一起平定了"诸吕之乱"。之后刘邦的第四个儿子刘恒登基,称汉文帝。汉文帝深感这太平盛世来之不易,便把平息叛乱的正月十五定为"与民同乐日",这一天家家张灯结彩,普天同庆,好不热闹!

不闹,算什么狂欢?狂欢,是一种释然!

二 元宵节

另外还有一个元宵节起源于汉代火把节的传说,当时人们为了保护庄稼,常常在乡间田野手持火把驱赶虫兽,祈祷获得好收成。这一习俗逐渐演变,至隋、唐、宋,闹元宵更是盛极一时。这个体现群众狂欢的"闹"字,表达了百姓对来年丰收的美好期望,所以闹元宵的说法一直沿袭至今。

元宵节的由来还与道教的"三元说"有关。道教把正月十五称为上元节,七月十五为中元节,十月十五为下元节。正月十五是主管上元节的"赐福天官"的诞辰,所以上元节要燃灯庆贺,这一习俗也逐渐融入到元宵节的庆祝活动中。

闹,正是人类生命力的释放与欢腾

> "正月里来正月正,正月十五闹花灯,花灯黄,花灯红,雪打花灯好年景。"这首广为流传的歌谣,把我们带到了元宵节闹花灯的热闹场面。

元宵节的花灯为何值得赏?

正月十五的花灯变化万千,有模仿活泼动物的鱼灯、虾灯、仙鹤灯、十二生肖灯、狮子灯等;有仿造美丽花朵的荷花灯、菊花灯、牡丹灯等;还有形态各异的龙灯、绣球灯、船灯、塔灯、宫灯等。正如语文二年级下册《传统节日》中说的那样:"元宵节,看花灯,大街小巷人如潮。"在这里,人们看到的不仅仅是灯,更是诸多中国传统文化的汇聚。

中国龙灯,异彩纷呈

> 相比赏花灯,猜灯谜则充满了智慧,也更富有挑战性。

二 元宵节

元宵节灯谜,你能猜中几个?

每逢正月十五,人们都要挂起五光十色、新奇有趣的彩灯,有人将写有谜语的纸条贴在上面,吸引游人驻足猜谜,猜得好的还会获得一片喝彩声呢。正是有了猜灯谜这个智力游戏的存在,使欢乐热闹的元宵节又多了一些趣味,深受社会各界的欢迎。

怎么样,敢不敢来猜几个?河里划龙船(打一成语,谜底:同心协力),两个人舞龙(打一成语,谜底:有头有尾)。

灯谜猜猜,令人着迷

舞龙灯,又叫耍龙灯,这又是什么样的民俗活动呢?

龙灯怎么耍?

龙是中华民族的精神象征,节日里当然要有这个集美德和力量于一身的吉祥物出来助阵啦。

龙灯一般用竹子、木棍、彩纸和布等材料扎成,长达数丈,各地各民族的舞龙活动各不相同,常见的有火龙、草龙、人龙、布龙、纸龙等。舞龙时,领舞者手持龙头,数十人举起紧连龙身的木棍跟随其后,在音乐声中沿着规定的路线奔跑,明亮威武的龙就像活了一样,以祈求来年风调雨顺、五谷丰登。

龙灯舞起来,人人笑开怀

耍龙灯时人在龙的外面,而舞狮子时人藏在狮子里面。

二 元宵节

为什么舞的偏偏是狮子？

古人认为狮子是一种驱邪辟鬼的神兽，因此在宫庙前、栏杆上、桥头上安置石狮。其实狮子是汉代时通过丝绸之路与驯狮郎一起来到中国的。由于古时交通不发达，能顺利运到中国的真狮寥寥无几，所以这种惊险刺激的驯狮舞只能局限于皇宫内举行，而平民百姓无缘观看。

但人们又十分好奇，想一睹狮子的风采，于是民间艺术家便根据书籍的记载及传闻，运用艺术构思进行塑造与装饰，制成宽阔前额、翘起鼻子、张开大口的假狮子。舞狮一般由三人配合完成，一人引狮，一人充当狮头和前脚，一人充当狮身和后脚，凭借憨态可掬的抖毛、打滚、腾跃、登高和滚彩球的高难度动作成为人们最喜欢的表演项目之一。

元宵节，踩高跷，传技艺，有高招

除了精彩的舞狮，元宵节里的踩高跷表演，也是一种人们喜闻乐见的民间文艺活动。

踩高跷为什么不会倒？

踩高跷俗称缚柴脚，早在我国春秋时期就已出现。古人在自己腿上绑两根长棍，方便采集树上的野果，据说踩高跷由此而发展起来。表演者在刨好的木棒中部做一支撑点放脚，然后用绳索缚于腿部，做跳跃、舞剑、扭秧歌等表演动作。看着那一个个身着戏装、浓妆艳抹、感受着鹤立鸡群和九天揽月的"高人"，你有没有想去试试的冲动呢？

可别小看这项活动，如果不经过训练，是很容易摔跤的。但"高人"自有高明处，你看，这些高跷达人两脚的间距比正常行走时要宽，而且双脚在不停地走动以调整重心。有时演员手里还拿一根棍子以平衡身体，不至于左右摇摆。

元宵节，踩高跷，传技艺，有高招

> 元宵节的民俗活动真是异彩纷呈，在这欢庆热闹的气氛背后，丰富的民族情感和家国精神更是为节日增添了浓重的文化内涵。

元宵节里的经典浪漫

在古代，不少朝代都有宵禁的规定，特别是年轻女孩更是"大门不出，二门不迈"，再加上古代照明设施不足，大家都是日出而作、日落而息，但唯独元宵节会解除禁令，允许点灯，夜晚明亮犹如白昼。百姓们可不会轻易错失这个夜间游玩的机会，那些女孩和男孩更是借着赏花灯的契机为自己物色心上人，让元宵节充满了浪漫与温馨。

月上柳梢头，人约黄昏后

如果说元宵节的解禁诞生了中国的情人节，那么流行于明清两代元宵节期间的"元宵雪衬一灯红，走百病后摸门钉"又是一种怎样的浪漫呢？

元宵节里的妇女解放

正月十六的晚上,城墙内外灯火闪烁,成群的妇女结伴而行。她们穿着漂亮衣裳,边逛街边聊天,心情无比愉悦,这就是走百病的民俗,也叫溜百病或散百病。从当今养生学的角度看,无论在野外还是在城里,走百病都能锻炼身体,呼吸新鲜空气,当然还能获得一份极好的心情,这对健康是非常有益的。

下了城头,妇女们还会到城门去摸门钉。因"钉"与"丁"谐音,而"丁"又象征男子,因此如果能在黑暗中一次就摸到门钉,便会赢得生子添丁的好兆头。这时的女人们抛弃平日的矜持,成为当晚的主角,那可是对古代封建礼教的一次小小的颠覆呢。

走百步,摸门钉,健身祈福两不误

> 健康的身体离不开健康的饮食。终于,我们期盼已久的元宵节"重量级明星"——元宵就要闪亮登场了。

元宵节为何要吃元宵？

元宵最早叫浮元子，意思是漂浮在沸腾水面上的大元宝，就像天上圆满的月亮，团圆又喜庆。

关于元宵节吃元宵的习俗，民间流传这样一个传说：相传汉武帝时宫中有位名叫元宵的宫女，由于长年幽居于宫中而思念父母，终日以泪洗面。汉武帝的宠臣东方朔决心帮助她，于是对汉武帝谎称，火神奉玉帝之命要在正月十五火烧长安，要想逃过劫难，唯一的办法是让元宵姑娘在正月十五这天做很多火神爱吃的元宵，并让全体臣民张灯供奉火神。汉武帝听罢立刻准奏，于是元宵姑娘终于在正月十五这天与家人团聚。从此便形成了元宵节吃元宵的习俗。

从科学的角度看，包元宵所用的材料糯米粉，除了有黏性、下锅不易散开的特点，还有温暖脾胃、益肺气和御寒的功能，正是乍暖还寒的早春时节温补强身的好食物呢。

元宵节，吃元宵，教我如何不想它？

> 不少人认为元宵和汤圆一样，里面包着甜甜的馅料，煮出来都是白白的团子，它俩真的一样吗？

元宵和汤圆有什么区别?

北方人爱吃元宵,南方人喜食汤圆,元宵和汤圆虽然都是用糯米粉制作而成,但两者制作方法不同。简单地说,北方的元宵是滚出来的,将各种咸甜荤素的馅料蘸上水,然后放在生糯米粉中像滚雪球一样滚成球,虽然吃起来口感略有粗糙,但极具嚼劲。而南方的汤圆是包出来的,用糯米粉加水和成面团,再把以甜口为主的馅包裹进去,搓成圆圆的团子,做出来的汤圆皮薄馅大,更黏更软。

元宵和汤圆,同族不同名

> 如今元宵节无论你想吃元宵还是汤圆,市面上都有各种口味可以选择,只是元宵和汤圆也是挑人的。

二 元宵节

吃元宵还有禁忌？

元宵象征着团团圆圆，有着美好的寓意，而且元宵本身就是一种非常美味的食物，所以很多人都喜欢吃元宵。

但元宵属于高糖分、高热量的食物，因此糖尿病患者最好少吃元宵。吃元宵时不可贪多，并应同时减少主食量，以免加重肠胃负担。当然也可以搭配一些助消化的食物，如芹菜、山楂、萝卜等。

由于元宵皮的原料糯米粉黏性较大，不容易被消化吸收，所以老年人吃元宵时要少吃慢吃，避免噎住。3岁以下的婴幼儿是不建议吃元宵的，以防烫伤和卡喉。

元宵固然美味，也不要忽视元宵汤的价值。在煮元宵时，糯米中的水溶性维生素大约会有一半保留在汤里，正如民间所说的"原汤化原食"，吃元宵时喝汤可是促进消化的好习惯呢。

不贪吃，防烫伤，全家过节喜洋洋

结语

　　农历正月是万物蓬勃萌发之时，正月第一个月圆之夜的元宵佳节，人们赏花灯、踩高跷、舞狮子、猜灯谜、吃元宵……这充满人间烟火气的欢庆似乎是热闹春节的返场，又似乎是新的一年生产生活的开始仪式，寄托了人们对盎然春日的渴望和对幸福生活的期盼。正是由于元宵节的存在，春节才画上了句号，春天才有了开篇。

　　时至今日，元宵节历经几千年，以更有新意的面貌展现在我们面前，无论庆贺元宵节的形式如何变化出新，这些蕴含历史气息的文化元素，始终是人们心中难以割舍的家国情怀。

三 清明节

清明原本只是二十四节气之一。"万物生长此时，皆清洁而明净，故谓之清明"，清明的名称与当时的气候特点和农事活动有关，而扫墓祭祖本是寒食节的习俗，踏青游玩则是上巳（sì）节的传统。为什么现在的清明节既有思亲念祖的扫墓之哀，又有赏春游玩的踏青之乐呢？这个悲喜交织的传统是如何形成的呢？

清明节是农历还是公历？

你有没有发现，同样都是传统节日，为什么春节、端午节和中秋节的公历日期每年总是变来变去，而清明节的公历日期基本都在 4 月 4 日到 6 日之间呢？

这是因为清明既是一个传统节日，又是二十四节气之一。二十四节气是根据地球绕太阳公转轨道上的位置确定的，圆周上的 24 个刻度代表二十四个节气，所以二十四节气每年的公历日期变动不大。由于地球绕太阳公转一周的时间不是严格的 365 天，每四年会多出 2 月 29 日这一天，所以二十四节气的公历日期也会出现前后不超过三天的变动。而春节、端午节和中秋节是按照农历历法确定的，所以每年对应的公历日期差别很大。

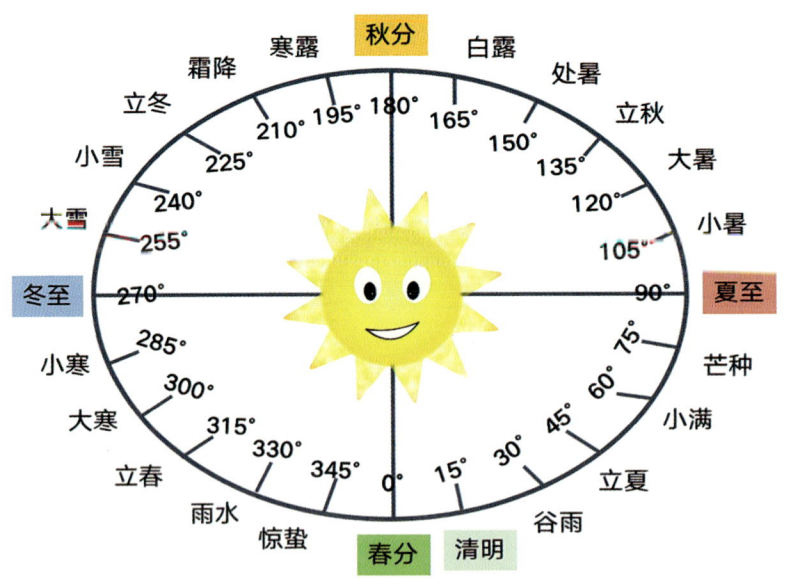

清明属公历，日期不游离

> 虽然南方与北方的清明节是同一天，但此时的南北方气候却大不相同。

清明时节雨纷纷吗?

从"清明"的字面上看,清明时节应该是天气清爽且明朗,而唐朝诗人杜牧却写道:"清明时节雨纷纷,路上行人欲断魂。借问酒家何处有,牧童遥指杏花村。""雨纷纷"似乎用在半个月之后的谷雨节气更加合适。清明时节雨纷纷是从何而来呢?

从近几十年来清明节降雨的分布情况看,对于长江以南地区,基本符合清明时节雨纷纷的情况。"清明前后,种瓜点豆",此时南方开始播种,需水量大。清明时节的雨水来得恰到好处,故有谚语:"清明前后一场雨,胜似秀才中了举。"而黄河中下游地区清明节期间依然是干旱少雨,更符合"清明"这两个字的本来含义,所以,在这些地区用"谷雨前后,种瓜点豆"标志春播开始了。

清明天气,南北有异

> 一年有二十四节气,每一个节气有"三候",清明节气的"三候"是什么呢?

清明一候桐始华是什么意思？

"清明一候桐始华"指的是清明时伴随着雨水增多和气温回升，油桐树开始开花（"华"同"花"），成为清明节到来的标志。油桐是一种落叶乔木，笔直光滑的躯干外面穿着绿衣。春天来临时，它们就开始发芽，盛开的油桐花花瓣呈白色，有淡红色脉纹，花团锦簇。在我国南方油桐树的种植区，每年清明时，便能看到漫山白花簇簇，花落似雪纷飞的美丽景色。8—9月油桐果实成熟，种子叫"油桐子"，是一种常见的中药材，也可用于提炼桐油。

油桐花开，似雪飘来

清明时节草木萌发，百花盛开，这时的动物也不甘寂寞，竟与人们玩起了捉迷藏。

三 清明节

清明二候田鼠为何变为鴽(rú)呢?

田鼠的眼睛、耳朵、尾巴比老鼠小,毛色多为灰黄色,动作如飞鸟般敏捷,大多喜欢生活在倒木、树根或岩石下。古书中"鴽"指鹌鹑类的小型鸟类,与田鼠在体形和色泽上相似,一样喜欢潜伏于草丛或灌木中生活,属于候鸟。清明时气温升高,鹌鹑迁徙而至。由于古人对鹌鹑的迁徙习性没有足够的认识,误以为是田鼠变成鹌鹑钻出来享受这明媚春光,即"田鼠化为鴽"。鹌跃人前,鼠隐人后,清明二候让两种从未有过交集的动物互换了"活法"。

田鼠地下钻洞　　　　　　鹌鹑空中飞行

> 伴随着动植物为人类传递的春天信息,大自然也给人们带来了惊喜。

清明三候为何虹始见?

彩虹是雨后转天晴时天空中呈现的美丽彩色圆弧。清明之后,伴随着气温回升,雨水开始增多,雨后空气中悬浮的小水滴可以折射和反射阳光,从而形成了由外至内,按照波长依次递减的顺序呈现出红、橙、黄、绿、蓝、靛、紫七种颜色的彩虹。由于水滴是圆的,所以彩虹也是圆的,只是平时人们在地面上观测受到限制,才无法看到完整的圆形彩虹。

彩虹的明显程度取决于空气中小水滴的大小和阳光的强度,小水滴体积越大彩虹越鲜亮,阳光强度越大彩虹越明显。冬天气温较低,下阵雨的机会也少,空气中不容易存在小水滴,所以冬天一般不会有彩虹出现。

不经历风雨,怎能见彩虹?

> 作为节气,清明象征季节交替,并可指导农事运作,但作为节日,现在的扫墓与踏青习俗原本不属于清明节。

寒食节扫墓之源

寒食节一般在清明节气的前一两天，据传寒食节是为了纪念春秋时期晋国名臣介子推。当时晋国公子重（chóng）耳在逃亡期间饥饿难耐，贤臣介子推割了自己大腿上的一块肉救了他。后来重耳做了国君晋文公，介子推却与母亲一起归隐绵山。晋文公感念其救命之恩，久催无果，遂下令放火烧山以逼其出山，谁知介子推十分倔强，坚决不出山，最终母子二人被烈火烧死。于是晋文公把绵山改名为介山，把介子推的忌日定为寒食节，习俗包括吃寒食、禁烟火和扫墓。

位于山西天涯山的介子推背母雕像

对于这个传说，寒食节的意见可大了："吃寒食的风俗在远古刀耕火种时代就有，你竟从春秋时期给我算起？"这是怎么回事呢？

寒食节的由来

原来,寒食节真正来源于古代的改火惯例。上古时代,人们钻木取火,并将火种保存起来,昼夜不灭以满足用火需要。初春时节气候干燥,火种易引发火灾,因此,人们便把上一年的火种全部熄灭,再钻取新火,称为改火。禁火期间,人们只能吃提前备好的冷食度日,称为寒食,但权贵宠臣可得到皇帝恩赐的燃烛。正如语文六年级下册《寒食》中描写的那样:"春城无处不飞花,寒食东风御柳斜。日暮汉宫传蜡烛,轻烟散入五侯家。"

寒食节,禁火天,皇赐烛,民食寒

每次取新火后,人们会先将新火带去祭祀祖先,寒食节便和祭祖扫墓联系在了一起。所以,在历史悠久的寒食节面前,清明节和上巳节都属于小字辈。

三 清明节

上巳节——中国古代情人节

上巳节，俗称三月三，此时正值季节交替，人容易患病，于是人们便到水边洗涤一番，沐浴阳光，称祓禊（fú xì）。到了唐朝，上巳节发展成为踏青赏春、祈福保佑的盛大民俗节日。"三月三日天气新，长安水边多丽人"，唐代诗人杜甫在《丽人行》中的这两句诗就是对唐代长安上巳节盛景的描绘。

在古代，上巳节的另一主题就是男女交友。人们相约水边游玩，少男少女们在河边相会玩耍，打闹戏谑，让恰逢春光明媚、草木繁盛的上巳节充满生机，成为名副其实的中国式情人节。后来，森严的礼教禁止男女自由交友活动，于是上巳节就渐渐衰落了。现在西南少数民族地区为纪念壮族歌仙刘三姐还保留了三月三对歌的节日习俗。

三月三，好风光，刘三姐，对山歌

虽然三者中寒食节是"老大"，上巳节是"老二"，但自古英雄不问出处，"小弟"清明节是如何收编寒食节与上巳节，成功逆袭的呢？

寒食、清明、上巳，三节争霸

寒食、清明、上巳三个节日虽然各不相干，日期却挨得很近。到了唐代，人们经常将寒食节的扫墓活动延至清明，加之寒食节期间北方还比较寒冷，不宜吃冷食，于是越来越多的人不禁火、吃热食，这样一来，寒食节就逐渐被淡化遗忘。上巳的情况和寒食不太一样，从最初允许男女出游相亲到这种风俗逐渐不被认可，上巳无奈之下只好改头换面，低调地被清明收编了。

而清明作为节气是不能忘记的，特别是农民还指望节气指导农事呢，渐渐地，人们就只记住了清明。

清明就这样征服了寒食和上巳，把暮春里的节日都收归囊中。2006年，清明节被列入我国第一批国家级非物质文化遗产名录，并在2008年确定为法定节假日。

三节争霸，清明胜出

逆袭后的清明节发展到今天都有哪些习俗呢？

清明习俗爆个冷

清明扫墓为什么插柳?

扫墓是清明节的重要习俗。扫墓时,人们常会折几支柳枝插在坟上。据说,插柳的习俗是为了纪念"教民稼穑(sè)"的农事祖师神农氏的。还有一种说法是,"柳"与"留"谐音,古人折柳相送,寓意离别就像离枝的柳枝,希望亲友到新的地方像柳枝那样随处可活。俗话说:"有心栽花花不开,无心插柳柳成荫。"为什么柳枝容易插活呢?

柳树的根茎内有许多分裂能力很强的细胞,柳枝切成小段插入土中,在温度、湿度适宜的情况下就能迅速分裂,并逐渐发育成新的根和芽。由于清明时节气候适宜,插柳易活,所以说"植树造林,莫过清明"呢。

看似温柔,实有内秀

古人在清明节里竟然还要踢足球,这或许出乎你的意料吧?

课本里的科学 节日时空

蹴鞠（cù jū）竟是足球的起源？

"蹴"是用脚踢，"鞠"指内充米糠的皮制球，蹴鞠就是用脚踢球。相传由于古时清明节要禁火，为避免寒食冷餐伤身，蹴鞠就成为清明节人们喜爱的一项民俗活动。

2004年，国际足联宣布，足球起源于中国的蹴鞠，山东临淄是世界足球的发源地。2006年，蹴鞠被列入第一批国家级非物质文化遗产名录。

古代蹴鞠，足球始祖

父子草坪踢足球，娱乐健身两不误

除了蹴鞠，荡秋千也是一项充满青春活力的清明娱乐活动呢。

荡秋千怎么来的？

秋千，最早称之为千秋，汉武帝时因为它与"千秋万寿"这个祝寿词冲突而改为秋千。

其原始雏形可追溯至上古时期，我们的祖先为了谋生，不得不上树采摘野果或猎取野兽，在攀缘和奔跑中，他们往往抓住粗壮的蔓生植物，依靠藤条的摇荡摆动上树或跨越沟涧。后来，逐步发展为用两根绳索加上踏板的秋千。

寒冬一过，人们换上春装，架起秋千，在空中飘来荡去，翩翩若飞，不仅心情舒畅，视野也变得开阔。就这样，深受人们喜爱的荡秋千逐步发展成为清明节的重要习俗并流传至今。

让我们荡起秋千，春风里吹开笑脸

清明节还有一项孩子们喜欢的活动，那就是放风筝。

为什么叫风筝？风筝如何飞上天？

"草长莺飞二月天，拂堤杨柳醉春烟。儿童散学归来早，忙趁东风放纸鸢。"清朝诗人高鼎在《村居》中提到的纸鸢就是我们现在所说的风筝。有人在纸鸢上加装竹笛，纸鸢飞上天后被风一吹，发出如同弹奏筝的声音，因此得名风筝。

放风筝时要逆着风，同时不断地拽动足够长的风筝线，让风吹在又轻又大的风筝上，这样风的压力把斜着的风筝托得越来越高。风筝下边那长长的"尾巴"，不仅使风筝飞舞时显得好看，也能使风筝在天空中飞得更平稳。

当代最有名的风筝盛会是每年4月在山东潍坊举办的国际风筝节，潍坊被誉为"世界风筝之都"。

风筝飞上天，心情嗨翻天

当我们仰望天空中飞舞的风筝时，别忘了清明节还有一个"脚踏实地"的风俗呢。

清明节为何要踏青？

清明之际，除了扫墓祭祖，踏青寻春也是我国由来已久的习俗之一，所以清明节又称踏青节。

春光明媚之际，草木皆绿之时，人们结伴到郊外游春赏景，在强筋健骨的同时，心情也变得愉悦。"逢春不游乐，但恐是痴人。"唐代诗人白居易的《春游》正是这种心境的写照。到了宋代，清明踏青之风盛行，宋代画家张择端的《清明上河图》就极其生动地描绘出汴京和汴河两岸清明时节的热闹情景及踏青之盛况。孟浩然的《大堤行寄万七》"岁岁春草生，踏青二三月"，欧阳修的《阮郎归·南园春半踏青时》"南园春半踏青时，风和闻马嘶"，以及朱熹的《春日》"胜日寻芳泗水滨，无边光景一时新"等华美诗词，都是描绘清明踏青活动的。

春日暖阳去踏青，一路美景漫步行

> 踏青郊游时，如果顺便采摘一些正值鲜嫩的清明野菜，真可谓一举多得呢。

这些野菜你认识吗?

鼠曲草 是一种野草,因叶子形如鼠耳而得名,常在清明期间被采摘用来制作青团,又名清明菜。鼠曲草叶片上有一层萌萌的白毛,如鼠耳之毛,叶无柄,呈倒卵状匙形,茎叶可入药,小巧可爱的小黄花则如星星点缀。

我又叫"老鼠艾",哎,这个名字我真不喜欢。

鼠曲草开花,药用价值高

荠菜开花,营养更佳

清明荠菜鲜,赛过活神仙

荠菜 是广为人知的野菜,叶片浅绿色,遇低温时叶色变深。清明时荠菜多已开花。十字形排列的四片花瓣清新雪白,那串三角心形铃铛便是荠菜的果实,此时的荠菜保健功效更好,正如民谚所说"三月三,荠菜当灵丹"呢。

三 清明节

> 狗心草，折耳根，我的名字多得很。

鱼腥草开花，口感欠佳

鱼腥草 正如其名，有一股直击灵魂的鱼腥味，就像榴梿、螺蛳粉、臭豆腐一样，有人欢喜有人厌。但呈心形并有点内卷的叶片，却让人感觉有点可爱。其实，鱼腥草浑身是宝，药食同源，清明节前茎叶肥嫩可食用，开花后较老的白色根是天然的补药。

黄花蒿 叶呈羽状有深裂齿，叶片中富含的青蒿素是治疗疟疾的特效药，中国科学家屠呦呦因在青蒿素方面的研究荣获 2015 年诺贝尔生理学或医学奖。清明时，黄花蒿正幼嫩，可采集食用，具有清热解毒、抗疟疾、抗菌、抗寄生虫的作用。

虽然黄花蒿与青蒿同属蒿类，外观也相似，但两者的药效成分并不相同，《本草纲目》中所述的青蒿就是黄花蒿。

> 由于气味浓烈，我竟得名"臭蒿"。

黄花蒿——叶片锯齿多

> "青蒿素"让我名声在外，但我内心明白，我没有……

青蒿——叶片锯齿少

此外，车前草、香椿、艾草也是清明时节药食同源的植物，许多清明节的传统美食还少不了这些绿色植物呢。

舌尖上的清明

乌稔(rěn)饭 又名乌米饭,是清明时节闽东各地家家户户必备的传统佳肴。乌稔饭的做法并不复杂:将采摘下来的乌稔树叶洗净打碎,过滤出乌稔树叶汁,将糯米浸泡其中过夜,浸泡后的糯米呈蓝青色,蒸熟后就变得乌黑发亮了。

由于人们常对黑色食品情有独钟,比如黑芝麻、黑木耳、黑枣和黑豆都被认为是滋补之物,加上清明时节乌稔树叶花青素含量最高,因此,清明节的乌稔饭就成为最受欢迎的食品之一。

乌稔树在古代有个好听的名字叫染菽,是一种常绿植物,卵形的叶片革质有光泽,6—7月开出白色壶状的花儿,8—9月结出紫黑色酸甜可口的果实,与同科同属的蓝莓极其相似。

春天的乌稔树叶
——白米被染,变成乌饭

清明节的乌稔饭
——黑有营养,甜糯清香

三 清明节

青团 原本是清明节祭祀用的供品,后发展成为江南地区的传统小吃。青团的外皮是用艾草汁或鼠曲草汁与糯米粉和在一起制成的,馅料五花八门,形状也各有不同,那些油绿如玉、糯韧软绵、清香爽口的青团,已经俘获了全国老少的芳心,吃上一口就感觉到了春天的气息。

艾草飘香又清明,艾草青团迎清明

枣糕飘香,美味健康

枣糕 又名"子推糕",是北方清明节的传统美食之一,用谷物类发面夹枣蒸食,有利于春季养生。有时人们还会将枣糕做成燕子形状,用柳条穿起来挂在门前,让这些形似燕子的枣糕随风而动,象征着春天的到来。

清明螺 即螺蛳(sī),是一种有右旋螺形贝壳的软体动物。清明前后的螺蛳还未繁殖,螺肉最为肥美,故有"清明螺,肥似鹅"的说法。若烹调得当,真可称得上"一味螺蛳千般趣,美味佳酿均不及"呢。

此外,我国南北各地在清明佳节的著名美食还有馓子、子福、彩蛋等。

清明螺蛳,时令美食

结语

　　清明节是春季多个节日的综合与升华，具有丰富的文化内涵。清明扫墓，意在追思先人，扫去的是坟前的落叶尘埃，扫不去的是浓浓的血脉亲情。远足踏青，结伴出游则提醒我们勿忘生者。清明，是寄托哀思的时节，也是开启春天的日子。逝者不可追，未来犹可期，哀思过后，让我们且歌且行，翻开生活更美好的一页。

　　这就是清明，既是节气，又是节日；既是情感的寄托，又是文化的传承。它让那轻扬的纸鸢和新插的柳条相遇在这清新的大地上和明净的人心里。

四 泼水节

泼水节是傣族一年中最盛大的节日。节日期间，人们相互泼水祝福，祈祷好运。2006年5月20日，经国务院批准，泼水节被列入中国第一批国家级非物质文化遗产名录。

你知道这个极富文化魅力的泼水节是怎么来的吗？它有哪些令人叹为观止的特色活动呢？快跟我一起去体验一下泼水节的盛况吧！

课本里的科学　节日时空

泼水节竟然与佛教有关？

泼水节是我国傣族、阿昌族、布朗族、佤族、德昂族等民族的传统节日。此节日起源于印度，后随小乘佛教的传播，经缅甸、泰国和老挝传入我国傣族地区，所以泼水节活动常带有一些宗教色彩。佛教认为用甘露沐浴可洗去罪恶和污垢，所以每到泼水节大家便沐浴礼佛，举行用清水相互泼洒的祝福仪式。当然，从泼水的原始意义来说，也反映了人们对水的崇拜和征服干旱的愿望。

佛教圣水，净体净心

随着佛教在西双版纳地区的传播，泼水节竟然还登上了新年的宝座。

傣族的新年——泼水节

傣族人民喜欢依水而居，爱洁净，常沐浴，被称为水的民族。在傣族人民看来，水是非常神圣和宝贵的，因此泼水节也就顺理成章地成为傣族最隆重的节日——傣历新年。

傣历新年在天气温暖的清明之后，阳历4月13日至15日。

4月13日是"麦日"，类似除夕，有送旧的意思。这天，人们会收拾房屋、打扫卫生，洗掉一年的灰尘以迎接美好的新年。4月14日是"恼日"，这里的"恼"是空的意思，表明这一天既不属前一年，亦不属后一年，热闹的泼水活动在这一天举行。4月15日是傣历的元旦，人们将这一天视为最美好、最吉祥的日子。

新年到，祝福到；圣水到，福气到

> 泼水节里的重头戏是泼水大狂欢，人们希望用圣洁的水冲走疾病和灾难，换来美好幸福的生活。

泼水节如何玩泼水？

在"麦日"清晨，沉浸在节日氛围中的人们采来鲜花绿叶到佛寺供奉，担来清水为佛像洗尘，以表达对佛祖的虔诚，并祈求神灵护佑新年万事顺遂。这便是浴佛！所以泼水节又叫浴佛节。

泼水节，浴佛节

四 泼水节

　　神圣的浴佛结束后，集体性的泼水活动便正式拉开帷幕。街道深处、广场中央，泼水大战相继展开，人们热情地泼来泼去，互祝平安幸福，到处充满泼水人们的欢声笑语。有趣的是，在激烈的泼水大战中，终极赢家居然是被泼得最严重的那只"落汤鸡"！

　　泼水活动分为文泼和武泼，当成群结队的青年男女拿着盛满水的锅碗瓢盆拥出大街小巷时，我们就知道这逢人便泼、欢乐刺激的招式正是武泼！

水花放，傣家旺

　　与武泼相对应的文泼该是一番怎样的景象呢？语文二年级上册《难忘的泼水节》里写道："周总理一手端着盛满清水的银碗，一手拿着柏树枝蘸了水，向人们泼洒，为人们祝福。"周总理文雅温柔的举动就是文泼。可是泼水为什么要用银碗和柏树枝呢？原来银碗又叫无忧碗，是纯洁无瑕的象征，而柏树枝则被认为是可以赶走妖魔、辟除邪恶的神物。

> 　　汉族新年在百花凋零的寒冬，而傣族新年却在万紫千红的春天，有哪些盛开的花儿前来为这场泼水盛会添彩呢？

泼水节里火红的花儿

《难忘的泼水节》中写道:"火红火红的凤凰花开了,傣族人民一年一度的泼水节又到了。"在凤凰木上那一片片像凤凰鸟羽毛的复叶中,盛开着苹果般大小的凤凰花,略微外卷的五瓣花朵鲜红舒展,好像由花心向外喷射的火焰。

自古以来,凤凰被认为是能够带来好运的圣鸟,所以凤凰花就是当之无愧的吉祥花了。在凤凰花盛开的泼水节,傣族人民将泡有凤凰花花瓣的水作为礼物泼来泼去,互送吉祥幸福。

凤凰花开,幸福常在

在凤凰花开放之前,有一种花已经在泼水节活动前亮相了,它是什么花呢?

四 泼水节

泼水节里淡绿的花儿

这种花当地人叫赏建花,也叫泼水花,傣族语叫莫过帅,植物学名称叫"鳌萌锥"。赏建花花朵呈淡绿色,形状如满天星,闻起来有股淡淡的香气,代表着吉祥纯净。到了四月,漫山遍野都是盛开的赏建花。

泼水节举行之前的特色仪式便是采摘赏建花。采花这天,村寨的男女老少都会穿上最美丽的傣族服饰,带着最灿烂的笑容,去摘下心目中最美的赏建花。伴随着采花活动的开始,泼水节狂欢也正式启动了。你看!男女老少齐聚在广场中央围成一圈边唱边跳,好不欢乐!整个村寨都弥漫着快乐热闹的新年气息。

赏建花开,香气袭来

在种类繁多的傣族舞蹈中,最负盛名的就是孔雀舞。

课本里的科学　节日时空

傣族人民为何崇拜孔雀？

在傣族人民心目中，"圣鸟"孔雀是善良、智慧、美丽、吉祥的象征，关于孔雀美丽动人的神话故事在民间流传广泛。许多人在家园中饲养孔雀，而孔雀也十分喜欢在傣族人民的地盘上生活繁衍。每当晨曦微明或夕阳斜照之时，人们都会看见姿态婀娜的孔雀在山林间翩翩起舞。因此富饶美丽的傣乡也就有了"孔雀之乡"的美称，优雅的孔雀舞也就成了最受欢迎的傣族民间舞蹈。

婀娜多姿孔雀舞，疑似仙女下凡来

> 象脚鼓是孔雀舞的伴奏乐器，它的鼓点非常丰富，音响变化万千，这是一种什么样的鼓呢？

四 泼水节

象脚鼓真的用象脚制作的吗？

象脚鼓并非取自真的象脚，它的鼓身大多取材于当地高大的杧果树或木棉树，匠人们将树心掏空，蒙上结实紧致的黄牛皮作为鼓面，因鼓的形状酷似象脚而得名。节日期间，就连象脚鼓都要被精心打扮一番，比如给鼓身穿上缀有小彩球的网状鼓衣，尾部插上鲜艳的孔雀羽毛，煞是好看。

敲起象脚鼓，跳起节日舞

夜幕降临，江边像换了一身节日的装扮，看！那放飞的孔明灯，仿佛带着人们心中的祈愿与希望冉冉升空。

孔明灯和孔明有啥瓜葛？

诸葛亮，字孔明，号卧龙，三国时期蜀汉丞相。据说孔明灯正是由诸葛亮发明的，相传当年诸葛亮被司马懿围困阳平时，就是借助这种灯向外界发送求救信号，最终得到了救援。人们为了纪念诸葛亮的智慧与英勇，便将这种灯称为孔明灯。

放飞孔明灯也同样是泼水节的活动之一。入夜，人们在空旷的地方把点燃的灯烛放到孔明灯中，利用热空气比冷空气轻的原理，让充满热空气的一盏盏孔明灯平稳地飞上天空，夜空中那闪烁的点点光亮表达了人们对未来生活的祝愿和憧憬。

天灯飞天，祈福祈愿

照亮泼水节夜晚的不只有孔明灯，还有傣族人民独创的烟火呢！

高升是什么稀奇玩意儿？

高升作为烟火的一种，还是傣族人民的专利呢！夜晚，人们将竹竿底部填充上火药和其他配料，放在由竹子搭成的高升架上，然后点燃竹竿底部的引线，火药迅速燃烧从而推动竹子如火箭般升至高空，伴随着高升呼啸而上的响声，在空中喷放出绚丽多彩的烟火。人们用经久不息的欢呼声，祝愿在新的一年里工作学习步步高升。

高升升空，节日味浓

如果说夜晚的孔明灯和烟火给节日增添了喜庆气氛，那么白天的狂欢与联谊活动更为节日增添了迷人色彩。

泼水节里的青春涌动

每年的泼水节，西双版纳的傣族人民都要举行横渡澜沧江的赛龙舟活动。与端午节赛龙舟不同的是，泼水节赛龙舟是为了纪念为民除害的英雄岩洪窝。

龙舟用铁椿木制成，船身有华美的彩纹，船上坐着几十名水手，号令一响，整装待发的龙舟像箭一般向前驶去，此时鼓声、锣声、号子声、喝彩声，此起彼伏、声声相应，澜沧江两岸顿时变成了欢乐的海洋。

在绿草如茵的草坪上，傣族未婚青年还有丢包的专场游戏呢。男女青年各站一排，将装有棉籽、四角缀有五彩花穗、象征爱情的信物包，掷来掷去，若有中意者，双方便悄悄退出丢包场，找一个幽静的地方悄悄私语去了。

青年男女，贵在参与

经历了一天的狂欢活动后，一顿傣家的特色美食就成为人们心心念念的事了。

四 泼水节

你听说过撒撇吗？

撒撇，别看名字有些奇怪，它可是傣族独有的美食呢。"撒"在傣语里是凉拌的意思，所以撒撇就是凉拌一种叫作"撇"的东西。那么"撇"又是何方神物呢？令我们想不到的是，"撇"竟然是苦肠！撒撇就是苦肠水拌肉的意思。

撒撇由三部分组成，一是选用动物的肉作为主料，根据主料的不同，有牛撒撇、猪肉撒撇（傣语称"撒达鲁"）、鱼撒撇（傣语称"巴撒"）；二是配料，包括傣族特制细米线等；三是煮沸过滤的苦肠水配以各种作料制成的撒撇汁。尽管撒撇是傣家人专门用来招待客人的一道上好菜肴，但由于其气味特殊，外地人吃撒撇的确是需要勇气的。

傣族牛撒撇，迎宾不可缺

相比撒撇，泼水节的另一种素菜却很受欢迎。

小小青苔，大大美味

唐代王维在《鹿柴》中写道："空山不见人，但闻人语响。返景入深林，复照青苔上。"与诗中生长在阴湿地方的苔藓植物不同，傣族人民所说的青苔是色泽翠绿、茎细如丝、附生在水底石块上的藻类植物。

"三月青苔露绿头，四月青苔绿满江"，泼水节时，傍水而居的傣族人民到江河、池塘内采集又长又绿的青苔，将其加工成青苔干片食用，或将青苔烘烤油炸制成可口的美食。青苔长在清流之中，不受污染，富含绿色素、叶黄素、胡萝卜素和维生素，是天然绿色保健食品。

山上苔藓成片，水中青苔成线

你看，就连薄薄的青苔都被制成了美味，那些硕大的芭蕉叶又怎能自甘寂寞呢？

泼水粑粑可是香喷喷哦！

　　泼水粑粑是傣族家家户户必不可少、堪称独特的泼水节美食。用煮过的芭蕉叶包上糯米粉与红糖水揉合成的粉团，上笼蒸熟就制成了泼水粑粑，人称傣家年糕，寓意事业有成年年高，生活滋润节节高。

　　虽然泼水粑粑外表看上去极为低调，但当你剥开芭蕉叶轻轻咬上一口，那松软筋道、清香诱人、甜而不腻的美味会立刻将你征服。如今，泼水粑粑已经从过去节日里的限量美食，变成一道日常就能吃到的食品了。

傣家美味，泼水粑粑

结语

与泼水节共生的各色美食、庄严虔诚的浴佛、气势如虹的赛龙舟、奔放洒脱的舞蹈、别具特色的高升、充满甜蜜的丢包，无不让我们感受到最美人间四月天的温情，以及泼水节文化的丰富多彩。

作为一种外来文化，泼水节已成为中国西双版纳地区少数民族的盛大节日，并与泰国、缅甸等国多元文化交织、并存、发展。在日新月异的新文化征途中，泼水节不仅能够加强西双版纳地区各族人民的大团结，也将进一步促进中国与东南亚各国的友好合作。

这便是泼水节，一场祝福与文化交织的盛大宴会。

五 儿童节

  每年的6月1日,是小朋友们心心念念的儿童节,这天,孩子们会收到来自父母和老师的祝福与礼物,学校也为孩子们精心准备庆祝联欢活动。六一不仅是中国儿童的节日,还是全世界儿童的节日呢。当你沉浸在节日的气氛中,享受无忧无虑的童年时光时,你是否想知道六一国际儿童节的由来呢?外国的小朋友们又是怎样庆祝儿童节的?儿童节怎么会与牛奶扯上关系呢?

课本里的科学　节日时空

六一儿童节竟源于一场悲剧

在捷克斯洛伐克首都布拉格的郊区有一个名叫利迪策的小村庄，这里的人们原本过着平静安逸的生活。而在1942年6月10日这天，利迪策村庄却发生了一场骇人听闻的惨案。凶残的德国纳粹为了给他们被暗杀的首领报仇，肆意编造理由，像妖魔一般对利迪策村庄展开了烧杀掳掠。他们把村庄里16岁以上的男子全部残忍杀害，并把妇女和儿童押送至集中营，大多数儿童在毒气室被无辜杀害。为了消除他们残暴杀害百姓的证据，疯狂的纳粹还放火烧毁了整座村庄，将其夷为平地。

利迪策惨案发生后，全世界人民为之愤怒。为了悼念在利迪策惨案中和所有法西斯侵略战争中死去的儿童，呼吁全世界反对虐杀和毒害儿童，1949年11月，国际民主妇女联合会在莫斯科举行理事会议，正式将每年的6月1日定为国际儿童节。

血染的节日，永远的铭记

其实在六一国际儿童节出现之前，中国已有自己的儿童节了。

五 儿童节

中国儿童节的"前世今生"

为保障儿童的合法权益，唤起人民对儿童的关注与保护，1931年3月7日，由中华慈幼协会提议、国民政府批准，从1932年开始将每年的4月4日正式定为儿童节。中国近代著名教育家蔡元培先生曾解释道，第一个"四"字，即食、衣、住、行，是我们的基本生活；第二个"四"字，即智、体、德、美四育。

抗日战争时期，孩子们的童年时光弥漫着纷飞的战火，在中国的晋察冀边区有数十万的抗日儿童团员，他们在这里学习打枪、刺杀、埋地雷等，这种有序的训练培养出了一群骁勇善战的少年子弟兵，比如以身涉险带敌人进入八路军埋伏圈的抗日英雄王二小、作战机智勇敢的儿童团团长董存瑞等。

直到1949年中华人民共和国成立后才正式把中国儿童节与国际儿童节统一起来，定为6月1日。

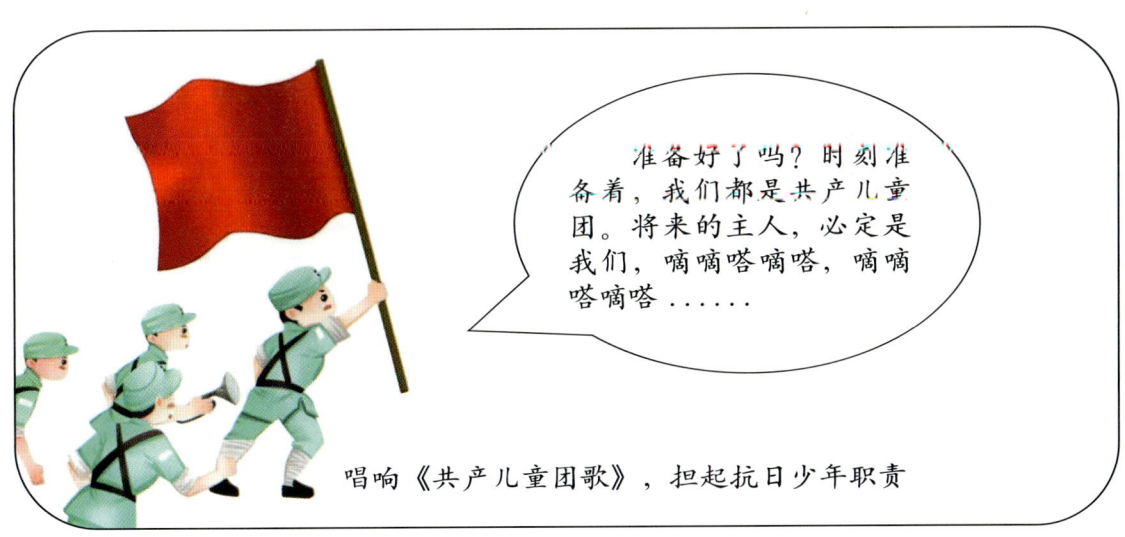

唱响《共产儿童团歌》，担起抗日少年职责

其他国家的儿童节也都在6月1日吗？

课本里的科学　节日时空

日本竟然是儿童节大户

你可能想不到，日本小朋友一年竟然不止一个儿童节呢！

三月初三的日本女孩节源于中国传统的上巳节，由于日本明治维新之后，不再使用农历，女孩节改为公历3月3日。3月3日这天，父母会精心为自己的女儿布置一座放满礼物和玩具的陈列台，女孩们则穿上心爱的衣裙，接受来自家人、朋友的祝福。

5月5日是日本的男孩节，父母会在家门口为儿子悬挂各色鲤鱼旗，据说是源自中国的望子成龙和鲤鱼跳龙门的传说，象征着好运、勇气，表达了父母对孩子最真挚的祝福与期盼。

三月三，有渊源，中国文化走在前

五月五，缘端午，挂鲤鱼，似龙舞

在日本文化习俗中，3岁、5岁、7岁是三个充满幸运的年龄，在11月15日的"七五三儿童节"这天，3岁、5岁和7岁的男孩和女孩身穿传统和服，背着装满吉祥物的小纸袋，与父母一同到神社祈求健康和快乐。

> 前有鲤鱼祝福，后有龙虾助力，瑞典的男孩节竟然也与动物有关。

儿童节里的"小龙虾"和"小女神"

8月7日是瑞典的男孩节,这一天,活泼可爱的男孩子们会打扮成龙虾的模样到舞台上表演节目,或父母与家里的小男孩一起乘船出海捕捞龙虾,希望通过这项活动,鼓励男孩们像龙虾一样勇敢坚韧,培养他们吃苦耐劳的品质,因此瑞典的男孩节也被称为龙虾节。

12月13日是瑞典的女孩节,又称露西亚女神节,露西亚是瑞典传说中专门保护女孩并帮助人们驱逐黑暗、追求光明的女神,因为从这一天起,瑞典的白天越来越长,黑夜越来越短。瑞典女孩们这一天要打扮成女神的样子,为其他孩子做好事。

露西亚女神

瑞典"小女神"

无论如何,儿童节里和爸爸妈妈一起出去游玩应该是每位小朋友都想做的事情。

非同寻常的儿童节

新加坡儿童节定在每年 10 月的第一个星期五,儿童节当天不仅要给小朋友放假,还要给大人放假,因为只有这样才能有人陪小朋友去参加活动,这种做法真是太暖心了。

更有意思的是,新加坡最大的国家游乐场还专门为儿童节制定了一个特殊规定:儿童节当天小朋友要购买成人票,大人则要购买儿童票。这样不仅让小朋友高高兴兴体验了一次做小大人的感觉,也让大人们重新回忆起童年的快乐时光,真可谓一举两得呀!

儿童节,换角色,大人孩子同喜乐

> 天真无邪的童年常常与幸福和甜蜜相伴,但有些先苦后甜的经历也是必要的。

苦乐参半的儿童节

巴西是享有"足球王国"美誉的南美洲最大的国家。每年的 8 月 15 日、10 月 12 日是巴西小朋友的儿童节,而 8 月 15 日这天恰好是巴西的"全国防疫日",所以每到 8 月 15 日,各地的医师们都要给 5 岁以下的孩童注射疫苗。巴西小朋友收到的第一份儿童节礼物或许就是打的时候有点恐惧、打完了却有安全感的疫苗吧。10 月 12 日是巴西的一个宗教节日,同时也是儿童节,这天是国家的法定节日,大部分人都不用上班,小朋友们可以和爸爸妈妈一起过节。

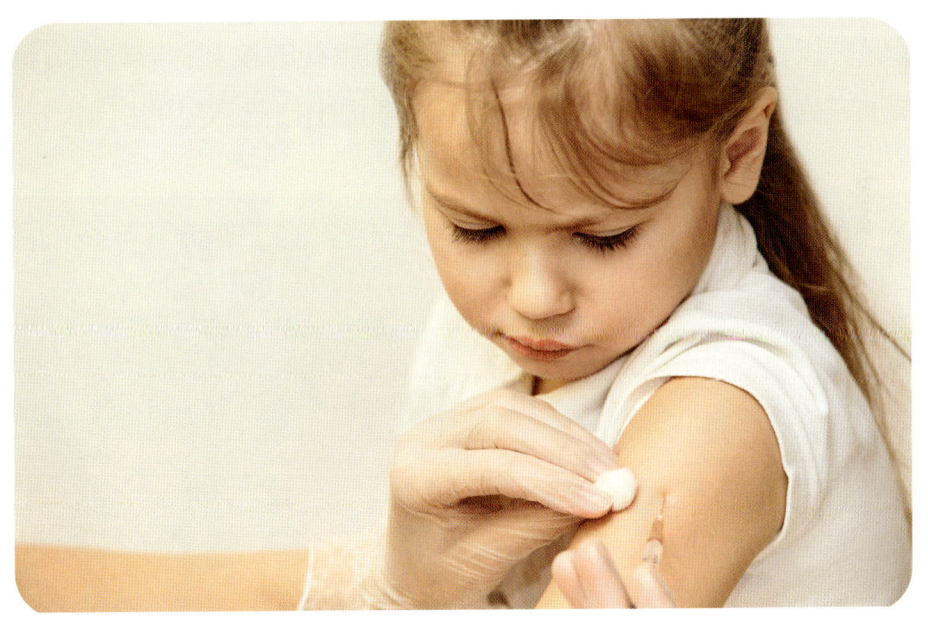

打疫苗,不可怕,健康伴随你我他

> 美好的童年稍纵即逝,不知不觉中,我们就长大了。但在成长过程中,别忘了我们享有的权利呀。

儿童的定义与权利

联合国《儿童权利公约》规定，儿童的年龄是 0～18 周岁。但我国对儿童年龄的界定是 0～14 岁，包括处于学龄前、小学和初中阶段的孩子。唐代贺知章的《回乡偶书二首（其一）》我们都很熟悉，"少小离家老大回，乡音无改鬓毛衰。儿童相见不相识，笑问客从何处来"，其中的"儿童"也是指年龄小于 14 岁的孩子。

未成年人享受家庭、学校、社会和司法的保护，国际社会通常把儿童的这些权利概括为四大类，即生存权，包括生命权、健康权和医疗保健获得权；发展权，即每个儿童都有接受正规和非正规教育，并获得身心和谐、全面发展的权利；受保护权，即每个儿童都有免受歧视和虐待的权利；参与权，即每个儿童都有参加家庭、社会和各种与儿童有关事项提出自己意见的权利。

幸福童年，快乐相伴

我们从呱呱坠地到逐渐长大，这段成长旅程发生了哪些故事呢？让我们一起来读一读"我"的童年日记吧。

穿越童年的旅程

当爸爸的精子与妈妈的卵子相遇后，便会"紧紧相拥"融合在一起，这时"我"就诞生了。只不过当时的"我"还十分渺小，只是一颗小小的受精卵。妈妈的子宫就是"我"临时居住的小房子，"我"在里面渐渐长大。

10个月后，妈妈的"小房子"已经装不下"我"了，"我"只好打开房门来到外面的世界，来看看爸爸妈妈的模样。

在"我"与外面世界和平相处的第一年，"我"以妈妈的乳汁为主食，当然奶粉也是"我"心之所爱。后来，"我"渐渐地学会了走路、说话，也开始尝试去观察、探索世界上的一草一木，"我"的好奇心变得非常强烈。

3～6岁时，"我"好像不再是爸爸妈妈的心头好了，因为他们总是会纠正"我"的坏习惯，但"我"知道他们的爱一直都在，只是换了一种爱的方式。

6岁时，"我"获得了新的身份，那就是学生，同时"我"的生命中也出现了老师和同学的角色，他们是"我"接下来生活中不可缺少的部分。

从12岁开始，"我"故作深沉高冷，不再是那个曾经幼稚的小孩子了，因为"我"知道"我"长大了，"我"可以为爸爸妈妈遮风挡雨了！

童年记忆，终生回忆

> 从出生到长大，我们与"奶"结下了不解之缘，因为它可以为我们提供成长所需的钙和其他营养物质。

课本里的科学　节日时空

儿童节与牛奶日的巧遇

你或许不知道，6月1日国际儿童节这天还是世界牛奶日呢！

为什么把世界牛奶日定在6月1日呢？原来，在20世纪50年代，法国促进牛奶消费协会提出了庆祝牛奶日的设想，后来这个设想被国际乳品联合会所采纳，决定将每年5月第三周的周二定为国际牛奶日，但这个日子在每年都不固定。于是，2000年经联合国粮食及农业组织提议，并征得世界700多位乳业界人士的意见，将每年的6月1日定为世界牛奶日，这样世界牛奶日就固定不变了。

儿童喝牛奶，健康乐开怀

牛奶营养丰富，是最古老的天然乳品之一。可是地球上产奶的哺乳动物那么多，为什么我们喝的多是牛奶呢？

五　儿童节

羊奶、猪奶输在了哪里？

事实上，羊奶的营养价值不输于牛奶，但是输在了口味上。因为羊奶和羊肉一样，都带有羊特有的膻味，需要专业的脱膻工艺处理。而猪奶又为何不受人们青睐呢？

其实猪奶口感香甜，而且猪奶的营养与牛奶旗鼓相当。问题并非出在消费者身上，而是生产者这里出现了难题。首先是猪奶产量低的问题，羊的哺乳期有4个月，牛的哺乳期是9个月，而猪的哺乳期只有2个月，无法满足人们的需求。其次，猪在哺乳期为了保证它们的小猪崽有奶喝，对挤奶工人带有强烈的攻击性和侵略性，挤猪奶的工作简直就是难于上青天哪！

奶牛产牛奶，奉献有情怀

经过重重的筛选与竞争，牛奶凭借其高产和口感等诸多优势，赢得了超高人气，并最终走上了国际舞台。

空腹能喝牛奶吗？

空腹喝牛奶对身体并无害处，这是因为牛奶中的酪蛋白遇到胃酸会变性凝固，从而延长了酪蛋白在胃中停留的时间，而胃酸也会激活胃蛋白酶，从而使牛奶中的蛋白质在胃中得到初步的水解，进而有利于在肠道中被进一步消化与吸收。

空腹喝牛奶也不存在营养物质被浪费的情况，因为牛奶中除了含有蛋白质，还有乳糖和脂肪，这些物质都可以先于蛋白质为人体提供能量。有了乳糖和脂肪的保护，蛋白质就可以尽情地发挥其营养作用了。

早餐要吃好，牛奶少不了

为什么有些人一喝牛奶就会腹泻呢？其中有什么秘密吗？

为什么有些人不能喝牛奶？

有些人喝牛奶容易腹泻，罪魁祸首就是乳糖不耐受。即患者体内缺少了乳糖酶这一好帮手，从而无法将牛奶中的乳糖分解为身体能够吸的葡萄糖和半乳糖。

无法被分解的乳糖去了哪里呢？无奈之下它们只好让结肠里的细菌帮忙将乳糖变成乳酸，而乳酸的存在会破坏肠道内的碱性环境而引起腹痛，产生的大量气体还会造成腹胀。而那些没有得到细菌帮助的乳糖只能在肠道内不断积累，增加的渗透压将水分吸引到肠道内，从而导致腹泻，在患者体内掀起"滔天巨浪"。

尽管如此，乳糖不耐受患者并非一点乳制品也不能食用。除了可以少量多次喝奶以减轻或避免肠胃不适的发生，饮用酸奶或无乳糖舒化奶也是不错的选择。

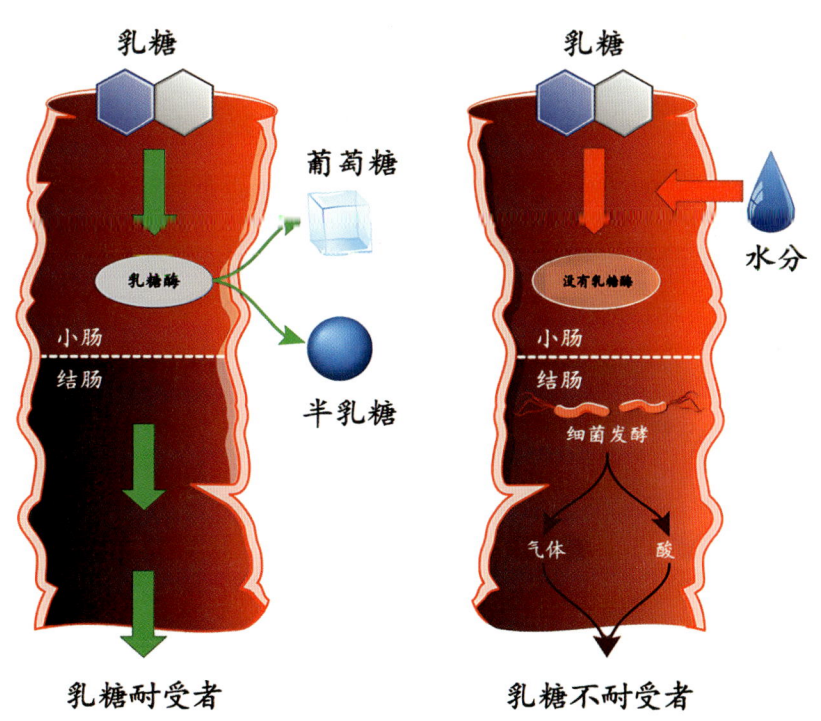

乳糖耐受，因人而异

结语

　　儿童是国家的希望、民族的财富。6月1日,是欢歌笑语的儿童节,也是健康生活的牛奶日,更是关注儿童未来、保护儿童权益的日子。国际儿童节和世界牛奶日共聚6月1日,让我们更加清楚地认识到:在忙碌的学习和工作之余,在关注心灵愉悦和充实的同时,我们也要重视身体的健康与营养,这也是对全世界发出的呼吁和号召。

　　6月1日标志着一年四季中最活泼、最火热的夏季的开始,它赋予人们朝气蓬勃的生命力,促使人们向着更美好、更欢乐、更健康的生活奋进!

六 端午节

  端午节的"端"字有初始的意思,"端午"就是"初五",因午时为"阳辰",所以端午也叫"端阳"。五月初五,月、日都是五,故端午又称"重五"。

  提起端午节的"代言人",你首先想到的一定是屈原,但端午节早在屈原之前就已经存在了。"五月五,是端阳。插艾叶,戴香囊。吃粽子,撒白糖。龙船下水喜洋洋。"赛龙舟和吃粽子是端午节的两大习俗,自古传承,至今不辍。

端午节为何要赛龙舟？

关于端午节赛龙舟的起源，有多种说法，其中纪念屈原的传说流传最广。当胸怀大志、忧国忧民却又无力回天、走投无路的屈原在五月初五抱石投汨罗江而死后，百姓非常哀痛，纷纷赶到江边凭吊，借划龙舟驱散江中之鱼，以免鱼吃掉屈原的身体。之后，每年五月初五的赛龙舟就成了一项十分盛行的民间活动。可是你想过没有，为什么要赛龙舟而不是其他呢？

亦余心之所善兮，虽九死其犹未悔

六 端午节

很久以前,南方吴越地区把龙视为部落的祖先和守护神,还断发文身以表示龙之子的身份。在古老的星象文化里,五月初五是龙飞天的吉日。于是,人们便把舟做成龙的形状,五月初五这天在水中竞渡以供祭神龙,祈福辟邪。

龙舟,顾名思义,是一条状如蛟龙的长舟,船头是龙头形,船身刻有龙鳞,长十四五米。龙舟赛中,选手们顽强拼搏、百折不挠、乘风破浪、一往无前,所以赛龙舟不仅是一种体育娱乐活动,更体现出人们心中的爱国主义和集体主义精神,以及中华民族坚韧不拔、自强不息、拼搏奋进的民族精神。2011年,赛龙舟被列入第三批国家级非物质文化遗产名录。

龙舟竞渡迎端午,百舸争流展宏图

正如语文二年级下册《传统节日》中写的,"过端午,赛龙舟,粽香艾香满堂飘",端午节除了赛龙舟与屈原有关,粽子又是怎样与屈原联系在一起的呢?

课本里的科学 节日时空

端午夺了夏至的粽子？

古时人们讲究阴阳学，认为白天为阳，夜晚为阴，夏至是一年中白天最长、夜晚最短的一天，过了夏至，阳气会慢慢减少，阴气逐渐增多。因此，人们在夏至以属阳的黍（shǔ）米为馅儿，外层用属阴的箬（ruò）竹叶包裹做成牛角样的角黍，代表阴阳调和以驱邪避毒，并作为举行祭祀活动的贡品。后来用糯米代替了黍米，角黍也改名为粽子。

战国时期，屈原在五月初五投江殉国的故事感动了无数民众，为了不让江中的鱼吃了屈原的尸体，人们包了很多粽子投入江中，加之夏至和端午日期接近，因而唐朝时两项活动经常一并举行，粽子也逐渐变成了端午节的美食。2009年，端午节被联合国教科文组织批准列入人类非物质文化遗产代表作名录。

夏至凉面端午粽，节气节日不相同

> 一到端午节，人们的心思全都系在了将要出锅的美味粽子上，而常常忽略了清香的粽叶，殊不知，这粽叶的选择也是门大学问呢！

粽叶是什么植物的叶子?

粽叶是用来包粽子的叶子的统称。不是什么叶子都有资格成为粽叶的,只有无毒有香气、柔软有韧性、大小合适的叶子才能作为粽叶的"候选叶"。我国地大物博,不同地区会根据当地的植物就地取材。下面几种粽叶你都见过吗?

箬竹叶　占据了粽叶的半壁江山,尤其是南方地区,粽叶基本由箬竹叶"一统天下"。箬竹是禾本科箬竹属植物,虽然个头比不上竹子家族的其他成员,但它根系发达,可深深扎根以保持水土,因而能顽强地生长在海拔300～1400米的山坡路旁,护岸护坡。在蒸煮粽子过程中,箬竹叶特有的清香渐渐渗入糯米中,所含的黄酮类化合物还能抑制致病菌,加之竹子家族"刚正不阿"的美誉,箬竹叶作为粽叶再合适不过了。

箬竹叶若竹,个头显不足

芦苇叶　是禾本科植物芦苇的叶子，比箬竹叶窄一些，虽然用芦苇叶包出三角形粽子的难度有点儿大，但芦苇叶仍称霸于北方的粽叶界。芦苇的适应性强，在河滩上或沼泽处都会形成大片的芦苇荡，是水色景观中不可缺少的元素之一。

芦苇叶，窄而小，叠加包粽香气飘

箬竹叶，芦苇叶，端午粽，不可缺

槲（hú）树叶　用槲树叶包粽子多见于中原地区，包出来的粽子呈长方体。槲树是一种古老的落叶乔木，叶子形如手状，叶脉纤维密实，厚实如布。用槲树叶包粽子很是讲究，把采回晒干的叶子放到沸水里熬煮是一道必不可少的程序。煮好的叶子还要两片紧贴着互相搓洗，使其香气更足。用槲树叶包的粽子还没出锅，浓浓的粽香就已弥漫开来，满满的都是家乡味儿，令人回味无穷。

槲树叶包粽，清香味更浓

此外，有些地区的人们也用荷叶、玉米叶、柊（zhōng）叶、美人蕉叶、芭蕉叶等包粽子，这些独特的粽叶材料，不仅赋予了粽子别样的风味，也展现了各地丰富的自然资源和深厚的民俗文化，真可谓"一方水土养一方人，到什么山头唱什么歌"。

> 美丽的绿色外衣包裹软绵柔韧的糯米馅料，就制成了美味可口的粽子。但不少人说糯米不好消化，这是真的吗？

糯米真的比大米难消化吗?

糯米和大米的主要成分都是淀粉,只不过大米中的淀粉是直链淀粉,而糯米中的淀粉是支链淀粉。由于支链淀粉有许多分支,与消化酶接触的机会多,消化速度更快,所以糯米饭和糯米粥都不难消化。但汤圆、年糕等糯米制品是经加工形成的黏稠淀粉团,难以嚼碎,大量的粉碎工作只能由胃承担,而胃里没有消化淀粉的酶,只能通过蠕动把淀粉推入小肠中进一步消化,被分解的淀粉会使血糖升高,且汤圆、粽子等在制作过程中往往会加入含糖量较高的馅料,所以,糖尿病患者吃糯米制品时要浅尝辄止,不要贪量哟!

糯米制品,多食不宜

> 除赛龙舟、吃粽子之外,挂艾草菖蒲、喝雄黄酒也是端午节的习俗。

六 端午节

端午节为什么要辟邪？

端午前后正值初夏时节，天气炎热潮湿，蚊虫滋生，是传染病的高发季节，所以古人认为五月是凶月，是一年中毒气最盛的日子。古代的人们用悬艾草、挂菖蒲、用香草洗澡、携带香囊、饮雄黄酒等各种办法来驱虫防病、避五毒。五毒即毒蛇、蝎子、蟾蜍、蜈蚣和壁虎，但壁虎其实是被冤枉的，它并没有毒。

艾草菖蒲，驱赶五毒

艾草、菖蒲、香草、雄黄有一个共同的特点：味道重，它们使端午节成了最有味道的节日，想去体验一下吗？

端午节为什么挂艾草？

"清明插柳，端午挂艾"，艾草的浓烈香气绝不亚于弥漫的粽香。每逢端午节，人们会在门前悬挂艾草，以驱邪避疫。

艾草别名艾蒿，是多年生草本植物，茎有明显褐色纵棱，叶下表面有灰白色短毛。艾草的茎和叶中含有挥发性芳香油，有奇特芳香，是蚊虫的"克星"。用艾草做成香枕，有安眠的功效。用艾草泡脚可除湿、温阳散寒。将干艾草捣碎加工成艾绒制作艾条可用于艾灸，具有活血通络、消肿化湿等功效。

艾草香，香满堂

艾草虽为一介草民，其英雄气概足以让敌人闻风丧胆。

艾常灸，久无忧

> 相比于艾草，端午节另一种常见植物——菖蒲更显尊贵。

六　端午节

菖蒲有什么特别？

菖蒲是多年生草本植物，与兰、菊、水仙并称"花草四雅"，人们甚至将农历五月称为"蒲月"。菖蒲不像一般的草那样一岁一枯荣，它可以历冬不死，蒲寿千年，自古以来便是文人墨客和画家笔下的常客。

在寒冬刚刚过去时，菖蒲先于百草生长，既可勃勃生长于野外，如端午时节家家门前悬挂的水菖蒲；也可亭亭玉立于厅堂，如可捧在手中的香菖蒲盆景。修剪之后的香菖蒲可不断冒出新芽，狭长的叶片就像一把剑，叶中含有的挥发性芳香油可以怡情养性，提神清脑，书斋中有了它，便多了一份情趣。

> 我们与艾草气味相投，同样气质非凡。

水菖蒲——浅水处，多年生，香气宜人好名声

香菖蒲——株矮小，叶剑形，苍翠宜人好盆景

> 喝雄黄酒也是古时端午不可缺少的习俗，还不能喝酒的小孩就在面颊、额头上涂抹雄黄酒。

雄黄加热成砒霜？

瞧这名字起的，太容易让人误会了。

雄黄晶体，有毒矿石

看到"雄黄酒"三个字，你会不会以为有种植物叫雄黄，用它浸泡的酒就是雄黄酒呢？

其实，雄黄不是植物，而是一种矿物质，主要成分为四硫化四砷（As_4S_4），多数为橘红色半透明的结晶，晶面有漂亮的光泽。雄黄燃烧过程中，硫会形成毒气（SO_2）和黄烟（硫黄蒸气），砷会形成三氧化二砷（As_2O_3），即砒霜的成分。所谓"雄黄见火，毒如砒霜"就是这个原因，所以我们并不提倡饮用雄黄酒。

现代中医药理认为，雄黄外用可治疗皮肤病、蛇虫咬伤等，但极少用于内服，即使内服一般也是制成药丸、散剂，不能直接服用。所以，关于雄黄酒的神奇作用还是让它留在美丽的传说中吧！

雄黄磨成粉，外用可救人

天有乾坤，地有阴阳，人分男女，自然万物都有雌雄，既然有雄黄，那有没有雌黄呢？

成语"信口雌黄"的由来

雌黄也是一种矿物质,化学成分是三硫化二砷(As_2S_3),雌黄和雄黄经常共生在一起,形影不离,被称为"鸳鸯矿物"。那成语"信口雌黄"和"雌黄"有什么关系呢?

雌黄雄黄共生体,含硫含砷不分离

雌黄晶体多呈柠檬黄色,可以用来制成颜料或用作褪色剂。古代写字用的纸多为黄色,在抄书或校书时如遇到错别字,就可以用雌黄将错误处涂盖住,然后继续书写。后来,人们将用雌黄涂改、修正错误字句的动作引申为任意评论或修改别人的诗文,成语"信口雌黄"就是比喻不顾事实、随口乱说。

雌黄矿石,可以去字

结语

端午节，这个中华民族的传统节日，是一个充满诗意、浪漫和爱国情怀的节日。虽然端午节源自上古时代的祭龙仪式，与屈原并没有关系，但在众说纷纭的端午起源传说中，唯独屈原抱石投汨罗江殉国的壮举故事流传下来，对国家和民族的大爱使得端午纪念屈原的说法更有力量，两千多年来沿袭至今，经久不衰。

每逢端午节，人们放下忙碌的工作，与家人一起品尝美食，观看比赛，在浓浓的民俗趣味中，感受传统文化魅力，感悟拳拳爱国之情。

七夕节

　　相传，在每年七月初七的晚上，所有喜鹊都会飞往银河，架起一座鹊桥，银河两岸的牛郎和织女终于能在鹊桥相会，互诉衷肠……为了歌颂牛郎织女的忠贞爱情，人们把七月初七定为七夕节，情侣们会在这天相约赴会，互赠礼物。

　　其实早在牛郎织女的故事流传之前，七夕节就已经存在了，但是古代七夕节的传统活动与情人相会毫无关系，这是怎么回事呢？

你认识牵牛星和织女星？

古人根据对天象的观测，已经有了关于牵牛星和织女星的记载，并根据它们方位的变化来判断时节的变换。

北方农历七月晴天的夜晚最容易看到织女星。当你抬头仰望星空时，会发现有三颗星组成了"夏季大三角"。其中最亮的就是织女星，也叫织女一。织女一与旁边的两颗星——织女二和织女三，刚好形成一个"V"形。牵牛星（河鼓二），也叫牛郎星，是"夏季大三角"中较为明亮的星，两边的两颗小星星——河鼓一和河鼓三，很像牛郎挑的扁担，因此这三颗星又合称为扁担星。

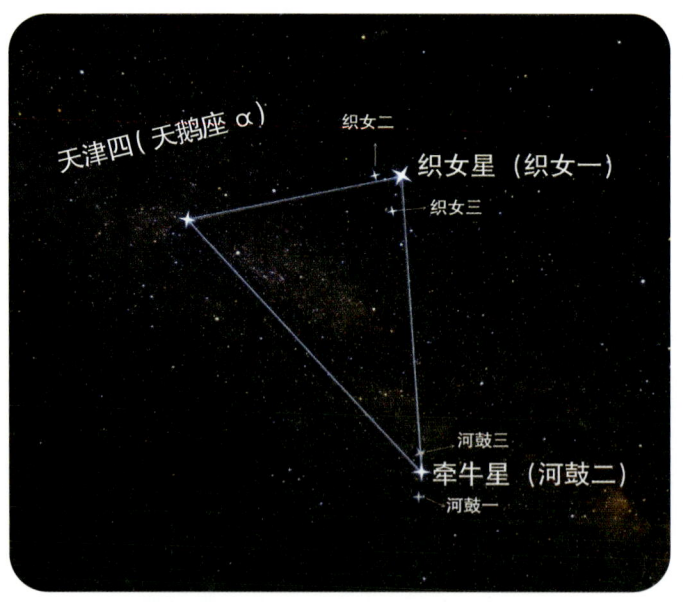

天阶夜色凉如水，坐看牵牛织女星

> 初秋的夜晚，织女星在西，牵牛星在东，而银河刚好转到正南北方向，就像牛郎织女隔着银河遥遥相望。你知道银河里都有什么吗？

银河是天上的河吗？

在夏季晴朗的夜晚，人们可以看到夜空中有一条淡银色的飘带，这儿宽，那儿窄，还有的地方分成两股支流，到了某处又汇合起来，就像一条跨越天空的大河，人们称之为银河或天河。其实银河并不是天上的河流，而是由几千亿颗恒星聚集在一起形成的恒星大集团，我们称它为银河系。

这些恒星大致排列成一个扁扁的圆饼状，从银河系的上方看，整个银河系就像一个漩涡，漩涡中心的星星最密集、最亮，形成一个短棒的形状，周围的旋转臂围绕着中心短棒，呈现出美丽的螺旋形。从地球上看银河系时，相当于在看银河系的侧面，所以只会呈现出一条亮带，这就是所谓的银河。

几千亿颗恒星组成的银河系大家庭

虽然人们常说织女星和牵牛星分别处在银河两岸，但实际上无论是织女星、牵牛星，还是地球、太阳，都只是浩瀚银河系中的成员。

织女星和牵牛星与太阳相比谁更热？

如果你说是太阳更热，那可就大错特错了。牵牛星的直径是太阳的 1.7 倍，表面温度 7000 摄氏度，比太阳高 1000 多摄氏度，光度是太阳的 10.5 倍。织女星则比牵牛星还大，体积比太阳大约 33 倍，表面温度 9000 摄氏度，比太阳高 3000 多摄氏度，光度是太阳的 60 倍。所以和太阳相比，牵牛星和织女星绝对是庞然大物。既然牵牛星和织女星都比太阳大得多、亮得多，那为什么它们看起来只是两个差不多的小光点呢？

这是因为牵牛星和织女星与地球的距离比太阳与地球的距离远得多。太阳距离地球 14959.8 万千米，牵牛星距离地球 16 光年，织女星距离地球 26.3 光年，距离越远，进入到人眼中的光线就越少，当然看起来就越暗。

近大远小，视觉现象

> 那牵牛星和织女星之间的距离有多远呢？它们真的能相会吗？

牛郎织女相会，是喜还是悲？

天文学上常用"光年"为单位来表示恒星之间的距离，1光年就是光在真空中一年所走过的距离，约等于94605亿千米。牵牛星和织女星之间的距离约16.4光年，假设牛郎乘坐每秒飞行11千米的宇宙飞船，也要45万年才能飞到织女身边，更不必说其他交通工具了。即使牛郎给织女打个单程的长途电话，也要16.4年才能传到织女耳边，就算有微信，恐怕牛郎织女也交不起昂贵的星际漫游费吧，更不要说在一夜之间见面了。

想象一下，如果牵牛星和织女星真的在慢慢靠近，它们会浪漫地相会吗？不！它们是恒星！它们的靠近不叫浪漫，而是大碰撞！所以还是让牛郎织女生活在浪漫的神话传说里吧。

两情若是久长时，又岂在朝朝暮暮

> 古诗"迢迢牵牛星，皎皎河汉女"中的牵牛星俗称牛郎星，河汉女指的就是织女星。

牵牛星和织女星的名字从何而来？

农历七月正处于夏秋之交，白天仍然酷热，但夜间渐趋凉爽，前半夜清晰可见的织女星照耀着摇车织布的纺织姑娘们。于是，这颗陪伴着纺织姑娘们劳作的明星就叫作织女星。

河畔织女牵牛星，默默相对意盈盈

农历七月过后，织女星往西滑落的同时，牵牛星逐渐升上最高点，这一天文现象与牛郎追织女的传说相呼应。同时，八月作为祭祀的月份，人们要选择性牲畜作为祭品，而"牵牛"在古代的意思是"牺牲"，也就是指在祭典上宰杀的牛羊等牲畜，因此人们将此时升到最高点的星星称为牵牛星。

正如语文六年级下册《迢迢牵牛星》中写道："河汉清且浅，相去复几许。盈盈一水间，脉脉不得语。"牛郎与织女被银河隔在两岸，虽然朝思暮想，却只能隔河相望。

相传，牛郎和织女忠贞的爱情感动了喜鹊，每年七月初七，千万只喜鹊飞来，搭成鹊桥，让牛郎织女走上鹊桥相会。

牛郎织女相会,为何鹊来搭桥?

古人云"灵鹊兆喜,鹊噪则喜生",喜鹊由此称为吉祥之兆。牛郎织女被分隔在银河两岸,长居两地无法相聚,而喜鹊正好又是兆喜、兆相思,是喻爱情、喻婚姻的代名词,在文化内涵上无疑与牛郎织女的相会极其契合。之所以将"鹊"与"桥"联系在一起,是因为神话中已有通过鸟类动物化天堑为坦途的先例,而且喜鹊本身也是具有工匠精神和合作精神的动物。在传说中,喜鹊们齐心协力,用身体搭建成一座跨越银河的鹊桥,让牛郎织女得以相会,展现了它们的无私与奉献。

七夕今宵看碧霄,牛郎织女渡河桥

> 语文二年级下册《传统节日》中写道:"七月七,来乞巧,牛郎织女会鹊桥。"牛郎织女相会为什么选在七月初七呢?

神秘浪漫的数字"七"

古人眼里的"七"是一个带有神秘色彩的特殊数字。一周有七天,感情有七情,色彩有七色,诗歌有七律,人体有七窍等。古人把日、月与水、火、木、金、土五星合称七曜(yào),以七天为一个周期的星期就是以七曜计算的。"七"与吉祥的"吉"谐音,"七七"就是"双吉"的日子,七月初七被称为吉庆日。从天文现象来看,七月初七正值夏末秋初,夜晚星空明亮,此时牛郎星和织女星在夜空中尤为显眼,为牛郎织女的故事增添了浪漫色彩。

七星悬玉宇,七辰蕴风情

> 汉代的七月初七并不叫七夕节,而叫乞巧节,这又是怎么回事呢?

乞巧节和七夕节是什么关系？

七月初七又名乞巧节，传说这一天是古代女子崇拜的纺织女神——织女的诞辰。七月初六晚，姑娘们在月光下将鲜花、水果、手工艺品以及桂圆、红枣、榛子、花生和瓜子摆满桌子，向织女祈福许愿，乞求心灵手巧，故称七月初七为乞巧节。

七月初七后来才和牛郎织女的传说联系起来，可以说乞巧节是七夕节的前身。

乞巧七夕有演变，美好祝愿在流传

> 除向织女乞巧、祭拜、祈福之外，乞巧节还有哪些趣味活动呢？

古代乞巧节都玩什么？

古代女子以针线、纺织等女红为重，古代最早的乞巧方式就是穿针乞巧。"家家乞巧望秋月，穿尽红丝几万条。"唐代诗人林杰在《乞巧》这首诗中描写了少女们在月光下穿针引线，向织女乞求智巧的场景。少女们手执五色丝线和连续排列的七孔针，对着月光将细彩线连续穿过七孔针，快速穿过的人被称为"得巧"。

不嫌针眼小，只道月明多

投针验巧是在七月初六晚上，把白天取的水和夜间取的水（或把河水和井水）混合在一起倒入盆中，经过七月初七上午阳光的照射，到七月初七中午或下午，将绣花针缓缓平放在水面上，由于水的折射，水下会形成各种不同形状的针影，若针影形状好看，便是"得巧"。这么有趣的实验，你不想亲自动手试一下吗？

七 七夕节

投针祈验巧，明日见分晓

喜蛛应巧的评比方式在各个时代有所不同。唐朝时，女子在七月初七晚上捕捉蜘蛛，放在小盒子里让它们织网，第二天早上打开盒子看谁的蜘蛛结网最密，谁的手就最巧。与唐朝不同，魏晋南北朝是看蜘蛛是否结网，宋朝是看蜘蛛网的圆正程度。

蜘蛛小盒装，得巧圆密网

时至今日，七夕节仍是一个富有浪漫色彩的传统节日，但不少习俗活动已弱化或消失，唯有象征忠贞爱情的牛郎织女的传说，一直流传民间。

牛郎织女的爱情轨迹

西周时期,牛郎星和织女星作为一种天文现象被记录在《诗经》中。战国时期,牛郎织女的传说有了一些记载。到了汉代,牛郎织女的故事有了新的发展。古诗《迢迢牵牛星》说织女因银河阻隔,思念牛郎而懈怠纺织。后来,传说中加入了七夕鹊桥相会的情节,让牛郎织女得以在鹊桥上相见,使得故事更加感人。

到了魏晋南北朝时期,牛郎织女七夕相会已经是广为吟咏的内容,之后经过演变,有了各种各样的版本,牛郎不再是天上的星宿牵牛星,而变成了人间的放牛郎。但无论传说如何流变,唐宋以后,在大部分人心目中,牛郎织女就是一对聚少离多、情比金坚的异地恋典范。

叶已鸣秋夜渐长,年年织女会牛郎

> 正是由于牛郎织女鹊桥相会的浪漫故事,使得七夕节渐渐变成了中国的情人节。

七 七夕节

中外情人节大比拼

随着国家对外经济交往和文化交流的增多,公历2月14日的西方情人节踏入了我国国门,青年男女在2月14日这天互送巧克力、玫瑰花等以表爱意,但这种浪漫,却少了些中国情人节厚重的文化内涵和悠久的历史积淀。

关于中国情人节大致有三种说法:一是元宵节,二是上巳节,三是七夕节。古代女子平时大都是"三步不出闺门",

丘比特射箭,爱情有奇缘

只有到了元宵节和上巳节,才可以外出游玩与情郎约会。而七夕节最早的内涵主要是乞巧和祈福,在古代与爱情关系不大。如今,流传了数千年却依旧唯美的牛郎织女的爱情故事让七夕节成了当今中国传统节日中最具浪漫色彩的节日。每年七夕,青年男女都希望能一起仰望星空,体味牛郎织女的爱情,珍惜幸福的相聚。所以,无论是哪个国家哪个民族的情人节,都寄托着人们对美好爱情的向往和追求。

中国七夕节,浪漫情人节

结语

七夕节从最早人们对自然天象的崇拜到古代乞巧节，最后发展为七夕情人节，在漫长的发展过程中沉淀了深厚的文化内涵。

自牛郎织女的传说融入七夕鹊桥相会后，这个家喻户晓的爱情故事就成为七夕节的主题，它体现的是中华民族对美好幸福生活的向往和期盼，对坚贞不渝爱情的赞美和歌颂。

何止七夕，但愿朝夕，我们都懂得珍惜，惜父母、惜伴侣、惜手足、惜朋友、惜恩人、惜生命。2006年5月20日，七夕节被国务院列入第一批国家级非物质文化遗产名录，相信这个富有文学色彩和民俗韵味的中国情人节，会让更多的中国人越来越情有独钟。

中秋节

　　八月十五是我国的传统节日中秋节，中秋节最早是我国古人祭拜月神的节日。古人认为，日与月一阳一阴，昼夜相继，给世界带来光明与夜晚，并根据月亮的圆缺和运动规律总结出历法。

　　古代历法把每个季节分为三个月，分别是孟月、仲月、季月。农历八月正好是秋季的第二个月，称为"仲秋"，而八月十五又正好在秋季的二分之一处，所以又被称为"中秋"。有关中秋节的趣味知识你了解多少呢？

中秋月是超级月亮吗?

我们都知道,太阳大地球小,地球围绕太阳跑;地球大月球小,月球围绕地球跑。当月亮运行到"日—地—月"呈一条直线时,在地球上看到的月亮是最圆的,即满月。但月球围绕地球运动的轨道并不是完美的圆形,而是一个椭圆,所以月球每绕地球旋转一圈,都会经过一次近地点和一次远地点,近地点离地球约 36.33 万千米,远地点离地球约 40.55 万千米,位于近地点的月亮看起来要比位于远地点的月亮大。如果月球经过近地点附近时恰逢满月,那么就可以看到最大最亮的超级月亮了。所以超级月亮的产生有两个关键点,一个是离地球最近,一个是最圆。

然而,除去天气的原因,或许你并未发现满月时的月亮有大小和明暗的差别,但其实是有的,只是人眼不容易分辨。超级月亮通常比普通满月时的月亮看起来大 14% 左右,亮度增加约 30%。

如果没有对比,还真的看不出大小和明暗的区别呢!

远地点的满月　　　　近地点的满月(超级月亮)

八 中秋节

中秋月是不是超级月亮要看满月时刻是不是与地球最近的时刻。由于月球两次回归近地点间隔27.55天，两次满月相隔29.53天，而14次满月回归周期约为413.43天与月亮15次回归近地点周期约为413.32天的时间比较接近，所以超级月亮大约每413天就会出现一次。但是，月球发生满月时总会与近地点错开一些角度，所以我们通常把连续3～5个月的近地点满月都称为超级月亮。所以超级月亮并不罕见，一年少则一两次，多则三四次。

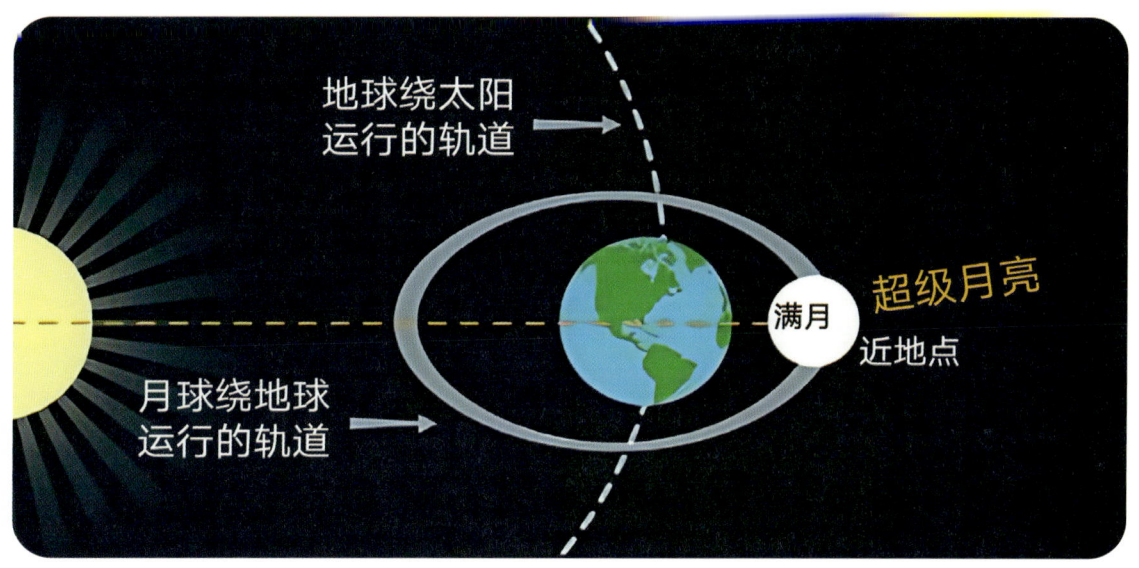

满月未必是超级月亮，但超级月亮一定是满月

2015年9月28日，超级月亮与中秋圆月喜相逢。2019年2月19日，超级月亮与元宵节喜相逢。2024年的超级月亮有4次，分别是8月20日、9月18日、10月17日、11月15日，其中10月17日是地月距离最近的超级月亮。

> 按照两次满月之间为29.53天计算，中秋节的月亮应该是最圆的，但实际上并不一定，难道月亮也会失约？

为什么十五的月亮十六圆？

月球绕地球公转的"步伐"有快有慢，所以从新月到满月所需的时间会略长或略短于14天18小时22分这个平均时间。月亮最圆的时刻最早可发生在农历十四的晚上，最迟可出现在农历十七的早上，以出现在农历十五、十六这两天居多。统计显示，满月发生在十六的机会比十五要多，因此便有了"十五的月亮十六圆"这一说法。实际上，不同地区所看到的月亮是不同的，如果要准确知道月亮最圆的时间，还需要通过天象观测和科学家们的精确计算才行。

尽管中秋节的月亮不一定是最圆的，但皎洁明亮的月光常令人想起家乡的亲人，正如李白在《静夜思》中写的那样："床前明月光，疑是地上霜。举头望明月，低头思故乡。"

明月几时有，把酒问青天

你注意过月亮的颜色吗？难道真的只有白色吗？

月亮是什么颜色的？

月球表面是暗灰色的，月亮本身不发光，而是反射太阳的光。太阳光是由红橙黄绿蓝靛紫七种颜色构成的，当空气中的尘埃和水汽较少时，太阳光穿透大气层，当这七种颜色混合在一起时，就呈现银白色的月亮。难怪李白说"小时不识月，呼作白玉盘"呢！

当空气中有雾霾、水汽或尘埃时，太阳光中波长较短的蓝靛紫光就会被吸收，剩下波长较长的红橙黄绿光穿透力比较强，而这四种颜色混合在一起就会映出黄色月亮，由于大气情况的不同还会呈现暗黄色、橙黄色甚至金黄色等。所以在大多数人的印象中，月亮的颜色基本就是白色或黄色。实际上月亮可以呈现很多颜色，根据目前的观测，月亮颜色主要有八种，分别是红色、蓝色、绿色、黄色、粉色、白色、橙色和灰色。

月亮颜色多，多于七彩色

你见过几种颜色的月亮呢？

"蓝月亮"就是蓝色的月亮吗？

这个"蓝月亮"不是大家理解的用肉眼可以看到的蓝色的月亮，而是指天文历法中的一种特殊现象。

通常情况下，一个公历月里只有一次满月，但由于两次满月之间相隔大约29.53天，而有的月份为31天，有的月份为30天，这样就会有一个公历月内出现两次满月的情况，人们把同一个公历月中第二个罕见的满月叫"蓝月亮"，英文"once in a blue moon"就是千载难逢、难得一次的意思。

2023年8月出现两次满月，且都是超级月亮，分别是8月2日和8月31日，8月31日的满月就是"蓝月亮"。平时人们很少能够看到蓝色的月亮，只有当火山爆发、森林着火或空气严重污染时，产生的火山灰、烟雾、尘埃粒子会散射蓝光，这时的月亮看起来才是蓝色的。

此蓝月亮非彼"蓝月亮"

你或许注意过在月球刚升起和快落下的时候，由于这时地平线附近的大气对波长最长的红光折射最强，月亮会呈现红色。但有一种超级蓝血月你或许没见过。

超级蓝血月是怎么回事?

超级蓝血月指的是"超级月亮 + 蓝月亮 + 血月"三者同时出现的天文奇观。血月一般在月亮发生月食的时候才会出现,月食是地球位于太阳和月亮中间,地球遮挡了太阳的光芒,地球表面的大气层将紫靛蓝绿黄光全部吸收,把波长最长的红光折射到月球上,因此,地球上的人们就会看到红红的月亮挂在天空。

超级月亮、蓝月亮、血月三者本身并不十分罕见,但三者叠加的超级蓝血月则需要很多巧合,十分难得。最近两次的超级蓝血月分别在 1866 年 3 月 31 日和 2018 年 1 月 31 日,中间隔了 152 年。

超级蓝血月,最大红满月

> 圆圆的月亮总是给人无尽的遐想和希望,但弯弯的月亮又何尝不是一种美呢?正如苏轼的《水调歌头》中写的"人有悲欢离合,月有阴晴圆缺,此事古难全"。

月亮为什么有圆有缺？

这与太阳、地球、月亮运转的位置有关。当月亮转到地球和太阳正中间时，黑暗的半球对着地球，这时我们完全看不到月亮。此时的月亮称为新月（朔月），通常是每月的初一。新月过后，月亮沿着轨道慢慢地转过来，从一钩弯弯的月牙一天天"胖"起来，再形成圆弧朝东的半圆，于是我们在晚上就看到半个烧饼似的月亮，这就是上弦月。

当月亮转到地球另一侧时，被太阳照亮的半个月球朝向地球，我们就能看到圆圆的月亮了，此时的月亮称为满月（望月），通常是每月十五或十六。随后日、月位置逐渐靠近，被照亮的半个月球又会慢慢地转离我们的视线，逐渐"消瘦"的月亮形成圆弧朝西的半圆，这就是下弦月。月亮的圆缺周期就称为一个朔望月。

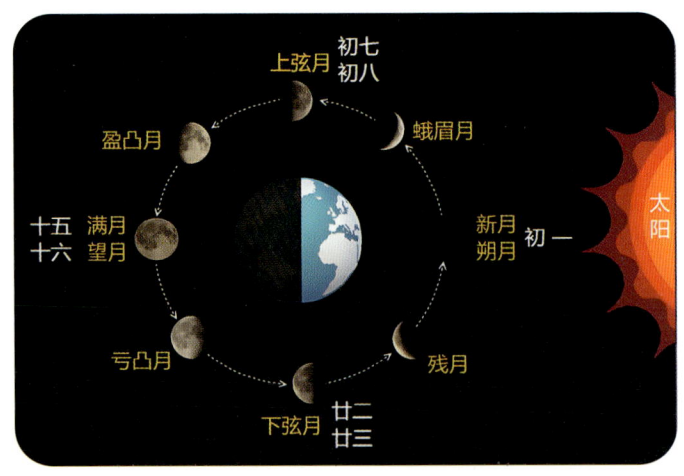

月亮圆缺，周而复始

> 无论是圆圆的月亮还是弯弯的月亮，基本都是在晚上看到的，你见过白天的月亮吗？

白天月亮在哪儿呢?

其实月亮一直按照自己的轨迹在宇宙中运行,白天也会出现在天空中,日食不就是太阳被月亮挡住了吗?但月亮出现并不代表它一定能被看到。

农历初八前后,月亮离太阳较远,此时一半是亮面,到下午三四点钟,月亮已经升到了较高的高度。所以只要天气晴好,大气透明度高,在月亮亮度足够亮的上弦月的傍晚和月亮高度足够高的下弦月的早晨,看到日月同辉的现象还是很平常的事。

满月时,太阳和月亮天各一方,太阳西落时,月亮升起,太阳升起时,月亮西落,所以整个白天都看不到月亮。而在满月之后到新月前的几天,月亮大约在午夜时分升起,上午还会挂在天空。

日月同辉,山河有色

> 你看,月亮就像忠诚的卫士时刻陪伴着地球,而在中国的神话传说中,月亮却是嫦娥仙子居住的地方。

嫦娥奔月的梦想如何成真？

传说远古时代，后羿由于为民除害，射下九日，西王母赐给后羿一丸仙药，后羿交给妻子嫦娥保管，奸诈贪婪的后羿门徒逄蒙趁后羿不在家，逼迫嫦娥交出仙药，嫦娥无奈，只好吞下仙药飞到了月宫里。

嫦娥奔月这个美丽的神话故事，寄托着古人奔月的梦想。当代中国人为实现探索宇宙的梦想，付出了艰辛的努力。2004年中国正式开展月球探测工程，并命名为嫦娥工程。2007年10月24日18时05分，嫦娥一号探测器在西昌卫星发射中心成功升空！迄今，我国已成功发射了嫦娥一号到嫦娥六号探测器，我们梦想着有朝一日也能登上月球，去看看"嫦娥"。

嫦娥无悔却傲娇，登月嫦娥中国造

传说嫦娥奔月后，由于触犯了玉帝旨意，被变成为天神捣药的玉兔，这便是玉兔捣药的传说。

玉兔捣的什么药？

相传月亮上这只洁白的玉兔，拿着玉杵跪地捣药，制成含有蟾酥的长生不老药。但经考证，中药蟾酥多用于清热解毒，而各种神药、仙药多是以草本药和石药为主，没有关于蟾酥为仙药的记载。"白兔捣药蛤蟆丸"的意思是蛤蟆将玉兔所捣的不死药揉制成丸，蛤蟆与玉兔都是动作的实施者，而不是入药的原料。

有意思的是，中药里真有一味药叫望月砂，它的成分就是野兔的粪便。野兔常站立起来东张西望，观察周围动静，古人以为它是在敬拜祖先玉兔，又因动物粪便入药多叫"砂"，望月砂因此得名。

瞧，我捣的药、揉的丸竟然与望月砂一个模样。

就连我的粪便也得到一个好听的名字。

玉兔捣药　　　药丸　　　玉兔望月　　　望月砂

在月亮上与玉兔同制长生不老药的蟾蜍，竟然与月亮的另外一个名字"蟾宫"有关。

"蟾宫折桂"是什么意思？

在诸多月亮的别称中，有来自与"太阳"对应的"太阴"，有来自古诗词中的"玉盘"和"婵娟"，有来自神话传说的"玄兔"，也有来自历史故事的"广寒宫"，即"蟾宫"。

"蟾"即蟾蜍，俗称癞蛤蟆。在古人眼中，癞蛤蟆象征着多子、长寿和功名。蟾蜍每次产卵非常多，与古人期盼多子多孙相吻合。另外，蟾蜍有冬眠习性，古人误认为蟾蜍可以生而后死，死而后生，是生命力很强的动物，再加上蟾蜍能吃农业害虫，叫声可预测天气，因此成为古人崇拜的动物。

"癞"不好听"蛙"吉祥，优点多多登月亮

八 中秋节

之所以有"蟾宫"的说法,是因为人们看到月球表面的阴影形似蟾蜍。李白在《古朗月行》中写道"蟾蜍蚀圆影,大明夜已残",古人竟然猜想月缺月圆乃蟾蜍作祟。晋武帝时期被举荐为左丞相的人郤诜(xì shēn)评价自己:"臣举贤良对策,为天下第一,犹桂林之一枝,昆山之片玉。"后来人们用桂枝来比喻人才,这便是"折桂"最早的出处。唐代之后,由于三年一次的秋季科举考试恰好安排在八月举行,人们便将考中进士喻为"蟾宫折桂"。

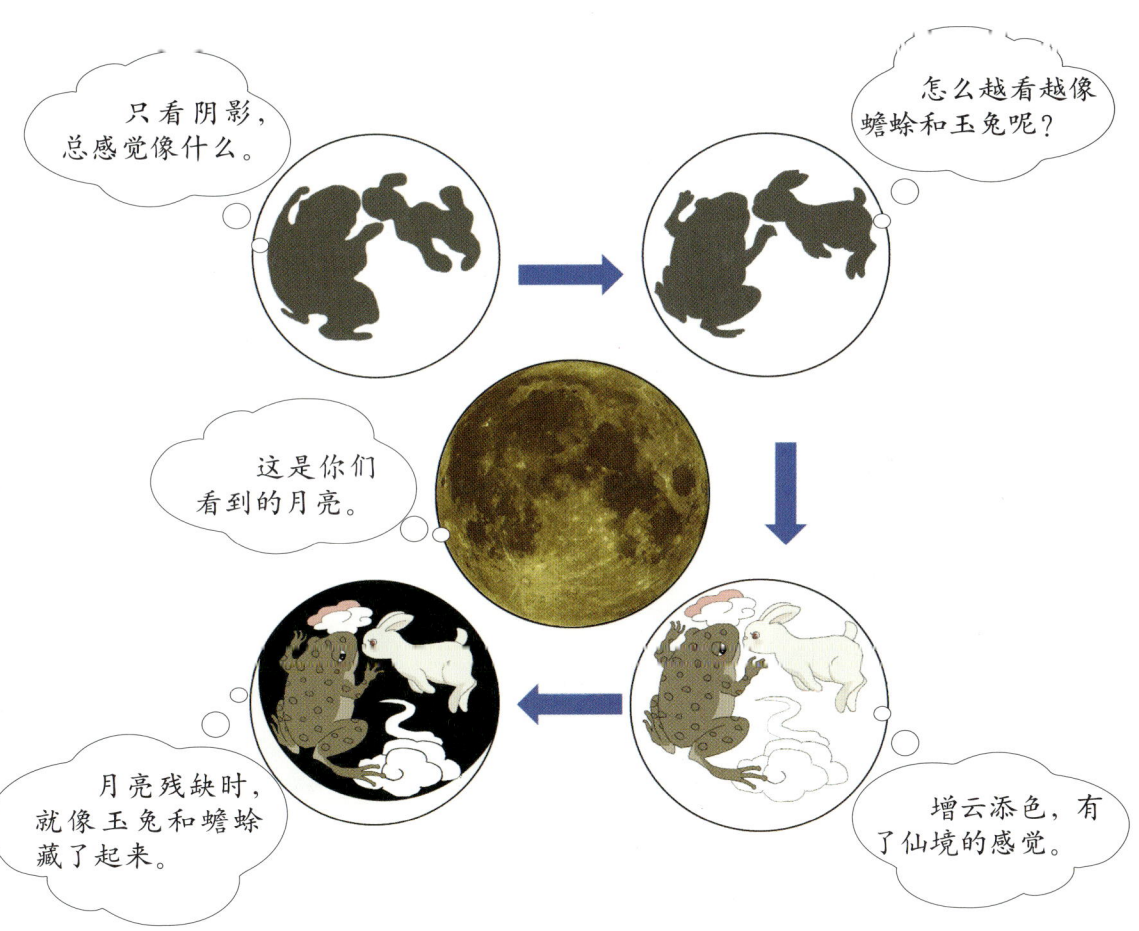

蟾蜍玉兔隐月中,月中折桂寓高中

为什么是"桂"而不是其他植物呢?

中秋与桂花的不解之缘

农历八月，古称桂月，中秋的桂花自古就与我国人民的文化生活联系在一起，比如人们把桂花及其果实视为"天降灵实"，宋代杨万里的《丛桂》更是把桂花描写得出神入化："不是人间种，移从月中来。广寒香一点，吹得满山开。"

桂花是中国传统十大名花之一，它不似冬天里的梅花暗香涌动，也不像夏日的荷花清香四溢，从红似火的丹桂到黄如金的金桂再到白如玉的银桂，从不附庸斗艳，却幽香袭人。

毛主席在《蝶恋花·答李淑一》这首词中写道："问讯吴刚何所有，吴刚捧出桂花酒。"桂花酒是用鲜桂花浸成桂花露，再掺入白酒，经过一定时间的发酵，桂花自身的芬芳就会溶解在酒液中，以一汪金黄色的温情抚慰人生。

丹桂　　金桂　　银桂

花好月圆，亘古不变

夜静月圆的中秋之夜，赏月品酒，在桂花香中，听大人讲"吴刚伐桂"的神话故事，真是别有一番滋味。

吴刚伐的什么桂？

相传吴刚受天帝惩罚到月宫砍伐桂树，但桂树随砍随合，天帝把这种永无休止的劳动作为对吴刚的惩罚。虽然"吴刚伐桂"故事中那棵高大挺拔的桂树称为月桂，但它并不是地球上同名同姓的月桂。月桂的老家在地中海，它的树叶比花更有名，可以用作烹饪的香料。早在古希腊时期，月桂的枝条就被编成头冠戴在体育比赛冠军的头上，"桂冠"一词也因此而生。

那吴刚伐的是什么桂树呢？与月桂同属樟科的肉桂更符合吴刚砍的那棵树。肉桂树耐砍，树皮厚，割皮后再生能力强，我们常用的作料桂皮就是肉桂树的树皮。肉桂树是一种高大的土生土长的中国植物，我国广西地区有大量野生和人工栽种的肉桂树，广西简称"桂"或许与此有很大的关系。

月桂做桂冠

肉桂产桂皮

> 中秋节除了赏月、赏桂，吃月饼也是我国的传统习俗，你知道中秋节和月饼是如何碰到一起的吗？

先有中秋还是先有月饼？

"小饼如嚼月，中有酥和饴。"苏轼在《留别廉守》一诗中第一次把"月"和"饼"联系在一起。"月饼"一词最早出现于南宋，那时的月饼还是菱花形、方形或其他形状，且尚未与中秋产生联系，可谓"四时皆有，任便索唤，不误主顾"。

中秋节吃月饼的习俗始于明代，那时月饼已是圆形，人们逐渐把中秋赏月与品尝月饼结合起来，月饼也就成了中秋祭月的主要供品，正如古书中记载："八月十五祭月，其祭果饼必圆。"圆圆的月饼就像圆圆的月亮，象征着团团圆圆。正如语文二年级下册《传统节日》中描述的那样"过中秋，吃月饼，十五圆月当空照"。中秋和月饼，绝对是标配！

月亮月饼天地友，有缘相遇难分手

> 你知道月饼是用什么制作而成的吗？你能说出几种类型的月饼？

八 中秋节

月饼——知形知面不知心

圆形、方形、桃花形……刻花、刻字、刻诗句……古时的月饼形状可谓各种各样，而现代的月饼则以圆形为主，就像中秋的月亮，象征着团团圆圆。

我国月饼种类繁多，有流传最广的广式月饼，有颇具宫廷遗风的京式月饼，还有云南特产滇式月饼和酥松精致的苏式月饼。

看得清月饼的容颜，分得出月饼的形状，你可知月饼的内心？月饼的口味可谓应有尽有，从传统的五仁月饼、豆沙月饼、枣泥月饼、蛋黄月饼、火腿月饼，到近年来出现的水果月饼、海鲜月饼、蔬菜月饼，只有想不到，没有做不到！传统的五仁月饼里的青红丝是用橘子皮添加一些食用色素制成的，橘子皮有理气化痰、健胃除湿的功效，可谓药食同源。

广式月饼　　　　　　　　　　　　京式月饼

看上去令人垂涎欲滴的我们，可都是高糖、高油、高脂肪的三高食品哟！

滇式月饼　　　　　　　　　　　　苏式月饼

南北月饼，中秋寄情

结语

在我国，中秋节是仅次于春节的第二大传统节日，它将人们的内心情感和自然现象紧密结合，展现出丰富的民族文化。2006年，中秋节被国务院列入首批国家级非物质文化遗产名录。

花好月圆之夜，合家团圆之时。"圆"是中秋节最美妙的形状，"圆"对中国人有特殊的含义。圆圆的月儿天上挂，圆圆的月饼香天涯，团圆的快乐美如花，圆满的祝福到你家。月亮圆，大家圆，祖国统一人心暖；月饼圆，小家圆，万家灯火庆团圆；让我们跨越时间与空间的距离，与亲人团聚，共祝亲爱的祖国繁荣昌盛，人民合家幸福。

九 重阳节

　　九月初九是中国的传统节日重阳节。据史料考证，重阳节的源头可追溯到先秦之前，当时已有在农历九月农作物丰收之时祭天帝的活动，至魏晋时期，节日气氛渐浓，到了唐代达到鼎盛，并沿袭至今。

　　古时候，人们在重阳节这天登高望远、祭拜山神、插茱萸、赏菊花、饮菊花酒，如今，人们把重阳节定为老人节，以弘扬"尊老、敬老、爱老、助老"的传统美德。快跟我一起去了解重阳节背后的故事吧！

课本里的科学　节日时空

重阳节竟然与大火星有关？

大火星，并非我们所熟知的太阳系八大行星之一的火星，而是指在远古时期人们根据其相对于地球的方位来确定季节更替的星座心宿二，西方天文学中称之为天蝎座 α 星。大火星首次出现在地平线上时正好是春分前后，正是开荒播种的大好时节；农历六月，大火星位于天空正南方；农历七月，大火星向西移动，成语"七月流火"由此而来，意思是夏去秋来，天气开始转凉；农历八月时，大火星继续向西移动至即将隐伏不见；农历九月时，大火星与太阳一起落入西方地平线，此时相当于重阳。

伴随着大火星的消失，人们失去了判断时节的标志，这让将大火星奉若火神的古人产生了莫名的恐惧，同时火神的休眠意味着漫漫长冬的到来。怎么办呢？于是人们决定在每年秋季丰收之时举办送火神的祭火仪式，感谢天地和祖先的恩德，让火神吃饱喝足，明年再来。这就是重阳节作为秋季丰收祭祀活动兴起的由来，它与除夕、清明、中元并称为中国四大传统祭祖节日。

天蝎座，蝎子状，大火星，居心脏

关于重阳节的起源众说纷纭，民间还有一个带有浓厚神话色彩并充满正义的传说呢。

九 重阳节

重阳节里的"扫黑除恶"

相传东汉时期,汝河里藏着一只邪恶的瘟魔,每年九月初九它都会游到岸上引发瘟疫,当地百姓苦不堪言。青年桓景的父母也在这场瘟疫中失去了生命,为了铲除瘟魔,桓景告别父老乡亲,外出访仙学艺。

很快九月初九又到了,仙长赠予桓景降妖宝剑、茱萸叶和菊花酒,让他回乡除恶。桓景回到家乡,把可以预防瘟疫的茱萸叶和菊花酒分给当地百姓,并让百姓们跑到山上躲避瘟魔,自己则留下来与瘟魔搏斗。伴随着几声怪叫,瘟魔气势汹汹地冲出汝河,但在闻到茱萸叶奇香和菊花酒气后便立刻没了神气,桓景瞅准时机,手握降妖宝剑追赶过来,几个回合就将瘟魔刺死于剑下。

桓景举剑降魔,正义战胜邪恶

人们为了表达对桓景的感谢,便将九月初九定为节日共同庆祝,并取名为重阳节。

"九九"为何叫"重阳"呢?

《易经》中把偶数定为阴数,奇数定为阳数,九月初九,两九相重,故曰重九,同时又是两个阳数重合在一起,日月并阳,故称为重阳。因为九是个位数中最大的奇数,又被称为极数,所以古今人文建筑中都以"九"为最,神话故事中经常提到的九重天是指天非常高,就像神仙们居住的天宫。

但是不要以为"九"高高在上、占尽优势,其实古人认为物极必反——事物发展到极端就会往相反的方向逆转。古人讲究阴阳平衡,九月初九阳气最盛,之后就由盛转衰。成语"九九归一"的意思也是说当九数尽的时候便会自然转一,表示自然界的周而复始和循环往复,但这种循环不是简单的归零,而是一种升华,一种再造,一种重生,更是一个新的起点。

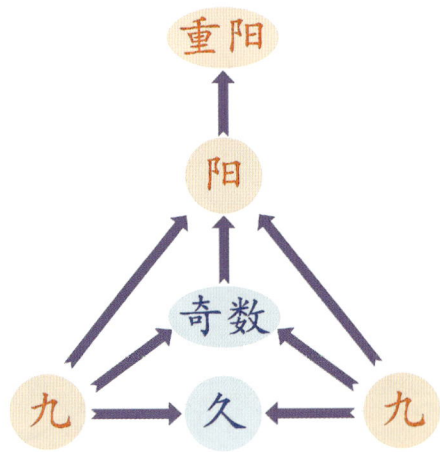

九为奇,奇为阳,两九相重谓重阳

> 重阳节的"九"和"阳"会令人自然想起 20 世纪 50 年代电影《柳堡的故事》里的插曲《九九艳阳天》,这里的"九九"又是什么意思呢?

九九艳阳天与九九重阳节

"九九那个艳阳天来哟,十八岁的哥哥呀坐在河边;东风呀吹得那个风车儿转哪,蚕豆花儿香呀麦苗儿鲜!"这首歌唱的明明就是春天嘛!

的确,这里的"九九"是"冬九九"中的第九个九。"冬九九"是我国古代将从冬至日起始的八十一天分为九段,各为九天,并按次序定名为一九、二九……九九。"九九"发生在惊蛰前后,正是春暖花开、艳阳高照的时候。

"九九重阳"中的"九九"是指九月初九,一般出现在寒露至霜降之间。俗话说:"寒露不算冷,霜降变了天。"重阳时节秋高气爽,漫山红叶,风景这边独好,引得众多文人墨客吟咏抒怀。

九九艳阳春日暖,九九重阳秋意浓

在众多咏唱重阳节的诗词中,流传最广的是唐代王维的《九月九日忆山东兄弟》:"独在异乡为异客,每逢佳节倍思亲。遥知兄弟登高处,遍插茱萸少一人。"

课本里的科学 节日时空

重阳节如何插茱萸？

重阳佳节登高望，遍插茱萸少一郎

在神话故事里，茱萸帮助汝河百姓赶跑了邪恶的瘟魔，从此茱萸能辟邪的名声便逐渐流传开来。的确，茱萸与端午节的艾草、菖蒲相似，具有杀虫消毒、逐寒祛风的作用。

重阳节过后，由于阳气的衰减引起气温的变化，因人体免疫力降低引发的疾病频频发生，在缺医少药的古代，用自然界时令的草木对付疾病也不失为一种防病的方法。因此每到重阳节，男女老少都喜欢在手臂上、衣服上或头上佩戴茱萸，或将茱萸磨碎制成香囊随身携带以驱虫祛湿逐风邪，茱萸由此获得"辟邪翁"的雅号。

所以，清明是"折柳入土寄相思"，重阳则是"茱萸在身辟邪恶"。

重阳插茱萸的习俗在唐代就已盛行，你见过茱萸吗？它们长什么样呢？

重阳节插的哪种茱萸？

常见的茱萸有三种，分别是山茱萸、食茱萸和吴茱萸。如果你在重阳节前后到山上走一走，或许会看到一些长相似枣的红色小果子，那很可能就是山茱萸的果子了，由于其可以入药，因此被称为药枣。

食茱萸药食两用，果头外形与化椒相似，据说在辣椒传进中国之前，辛辣味主要从花椒、生姜和食茱萸三种食材中来。因食茱萸的枝条上布满小刺，连鸟儿都不敢在上面停留片刻，又名鸟不栖。

吴茱萸的气味辛辣芳香，果实形状像橘子瓣，成熟后呈红色，是一种古老的中药材。

古人在重阳节佩戴的应该不是长相好看但没啥气味的山茱萸，也不可能是枝干带刺不好佩戴的食茱萸，很有可能是气味浓烈的吴茱萸，既可用其驱除秋天"疯狂"的蚊虫，也可达到抵御初寒的目的。

吴茱萸（我是熟红芬芳的"香妹子"。）
山茱萸（我是人见人爱的"靓妹子"。）
食茱萸（我是有点儿刺头的"辣妹子"。）

> 插茱萸作为最早的重阳风俗，已渐渐消逝在历史长河中，而登高望远的重阳风俗却依然世代延续、广为流传。

重阳登高为哪般？

随着社会的进步，人们对季节有了新的认识。虽然九月送别大火星的祭祀仪式已逐渐衰落，但人们对九月因阳气衰减而引起的自然物候的变化仍心存芥蒂，认为在"阳极必变"的重阳节里，会出现清气上扬、浊气下沉的自然现象，即地势越高则清气越凝集，于是人们便自发登高并祭拜山神以求吉祥。再加上远古时期人们对山岳的崇拜，登山祈福的习俗就自然而然地形成了。

如果说清明节是人们度过漫长冬季后外出畅游的节日，那么重阳节便是在秋收完成、秋寒将至、山上的野果药材刚好成熟之际，人们登高采集储备物资的别具仪式感的秋游，于是民间便出现了清明节踏青、重阳节辞青的风俗。

人往高处走，好运自然有

生活在平原地区的人们重阳节哪有高可登呢？

九 重阳节

登高不成，那便吃糕！

平原地区的人们看着山区人们登高望远的热闹景象怎能不羡慕？可是无高可登怎么办呢？于是聪明的人们便发明了一种美食——重阳糕。把米粉和豆粉揉成面团进行发酵，再加入红枣、栗子和白砂糖上锅蒸制，就得到口感软软糯糯、香甜可口的重阳糕了，在江浙沪地区大受欢迎。而重阳佳节人们用吃糕代替登高，也寓意着步步高升。

饮食向来是各种节日的重头戏，重阳节可不能光吃重阳糕呀，还需要喝点什么呢？唐代诗人孟浩然在《过故人庄》中写道："故人具鸡黍，邀我至田家。绿树村边合，青山郭外斜。开轩面场圃，把酒话桑麻。待到重阳日，还来就菊花。"

糕代表高，实在是高

> 诗中的"就菊花"有赏菊花、喝菊花酒的意思。

菊花酒是一种什么酒？

菊花酒是由菊花、糯米和酒曲酿制而成，在古代被看作是重阳必饮、祛灾祈福的吉祥酒。古时的菊花酒是头一年重阳节专为第二年重阳节酿制的，据说有延年益寿的功效。事实上，虽然菊花有药用价值，并不意味着菊花酒也有同等疗效，更达不到使人长生不老的奇效。人们之所以在重阳节喝菊花酒，更多是为了讨个吉祥的好兆头，以此来体现节日的仪式感。菊花除可以用来浸酒之外，还可以制成菊花茶，或作为散风清热、平肝明目的中药使用。

菊花酒助兴，菊花茶养生

菊花是重阳节的重要标志，亲朋好友们三五相邀，同饮菊花酒，登高赏菊花，亦别有一番情趣。

菊花为何如此受宠？

北宋学者周敦颐在《爱莲说》中写道，"晋陶渊明独爱菊""菊之爱，陶后鲜有闻"。那句脍炙人口的"采菊东篱下，悠然见南山"也正是陶渊明写下的千古名句。

菊花之所以成为重阳节的"宠儿"，原因有三：

一是菊花在秋天开放，辞青过后，百花凋零，而菊花凌霜绽放，故备受珍爱。正如唐代诗人元稹在《菊花》中所写："不是花中偏爱菊，此花开尽更无花。"

二是菊花多姿多彩，这得益于菊花极易发生自然突变，并且人工嫁接等培养方法也很容易操作。

三是菊花象征长寿，赏菊表达了人们对长寿的期盼，所以在重阳节里，有"延寿客"美誉的菊花最终盖过了"辟邪翁"茱萸的风头。

高雅美丽清净，受宠自然不惊

菊花被誉为长寿之花，不仅是因为菊花有保健益寿的功效，还因为菊花花期长，可称得上长寿。

菊花难以凋落的秘密

你知道花朵为什么会凋落吗？通常植物开花授粉后，花瓣基部的一层细胞会分裂形成几层叫作离层的薄壁细胞，离层细胞在花朵凋落的过程中可起了大作用呢。随着花儿渐渐长大，离层区组织无法再继续支持花瓣自身的重量，一阵微风吹来，花瓣便飘零落地。

而菊花的花心是由许多管状花组成的"花篮"，里面既有雄蕊，也有雌蕊，菊花花朵边缘那些硕大艳丽的花瓣，称为舌状花。舌状花是单性雌花或无性花，它不会发育成离层区，因此，菊花边缘的花瓣能保留较长时间而不飘落。

另外，当深秋气温下降时，菊花体内的可溶性糖增多，就像给菊花穿上了"贴心小棉袄"，御寒能力得以增强，因此用无惧风霜形容菊花真是再恰当不过了。

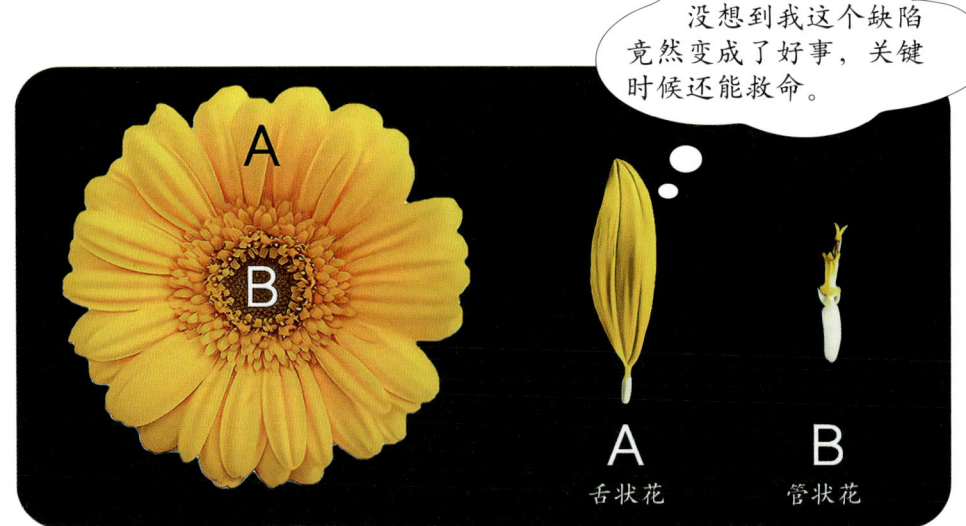

管状花易离，舌状花不弃

难道这长寿的菊花是"重阳节"和"老人节"之间的月老吗？

重阳节里夕阳红

纵观我们的节日你会发现，各类人群都有其对应的节日，儿童有六一国际儿童节，青年有五四青年节，当然也有按照性别设立的三八妇女节，按照职业设立的教师节和护士节等。九月初九重阳节是我国的传统节日，"九九"的谐音是"久久"，象征着平安长久。2006年，重阳节入选第一批国家级非物质文化遗产名录，2012年我国把每年的九月初九定为老人节。

古人云："百善孝为先。"剖解"孝"字便会发现，"老"在上、"子"在下，传递了孝老敬老的本质。而将重阳节定为老人节的寓意则更为深远，那就是发扬中华民族"老吾老，以及人之老；幼吾幼，以及人之幼"的传统美德。让我们把温馨的话语、质朴的微笑、贴心的关怀、真诚的帮助送给每一位老人，让他们的夕阳更红、晚霞更美。

莫道桑榆晚，为霞尚满天

结语

生活在当今快节奏的时代中,我们可以慢下脚步,去感悟历史长河的涓涓不息,感受家中长辈的无私爱护,品味传统美德的悠长韵味,看尽繁华世间的生活百态。

九九重阳,岁岁重阳。重阳节存在的意义,一是祭拜祖先以饮水思源,二是陪伴长辈以温暖晚年,三是展现孝义以弘扬美德,而归根结底都体现出感恩二字,感恩祖先的世代繁衍,感恩长辈的倾心爱护,感恩中华美德的丝丝渗透。或许感恩就是重阳节为人们带来的最温馨、最深沉的意义吧。

十 冬至节

　　一年四季就像一个大圆圈，如果把这个大圆圈一分为二的话，分界点就是夏至和冬至。对于北半球来说，夏至是一年中白昼最长、黑夜最短的一天，而冬至是一年中白昼最短、黑夜最长的一天。

　　冬至和清明一样，既是节气，又是中华民族的传统节日，冬至意味着冬天真正来临，一般在12月21日至23日之间。在古代，冬至的地位是很高的，是皇帝祭天、百姓祭祖的日子。冬至为什么这么特别？或许，它所包含的人文和科学知识比你想象的更加丰富多彩呢。

冬至是怎样确定的？

冬至是二十四节气中最早确定的，它的起源居然来自一次国家层面的都城规划。早在三千多年前，周公用"土圭（guī）法"即"立竿测影法"确定洛阳为地中，即天下的中心位置。

"立竿测影法"即古人用竖立在地上的杆子，通过观察阳光投射的杆影长短及移动规律来测量太阳高度、方位及季节变化。古人将一年中正午时分日影最短的一天定为夏至，最长的一天定为冬至。古人选择以冬至作为历法制定的起点并作为新的一年开始的日子，也是有道理的。

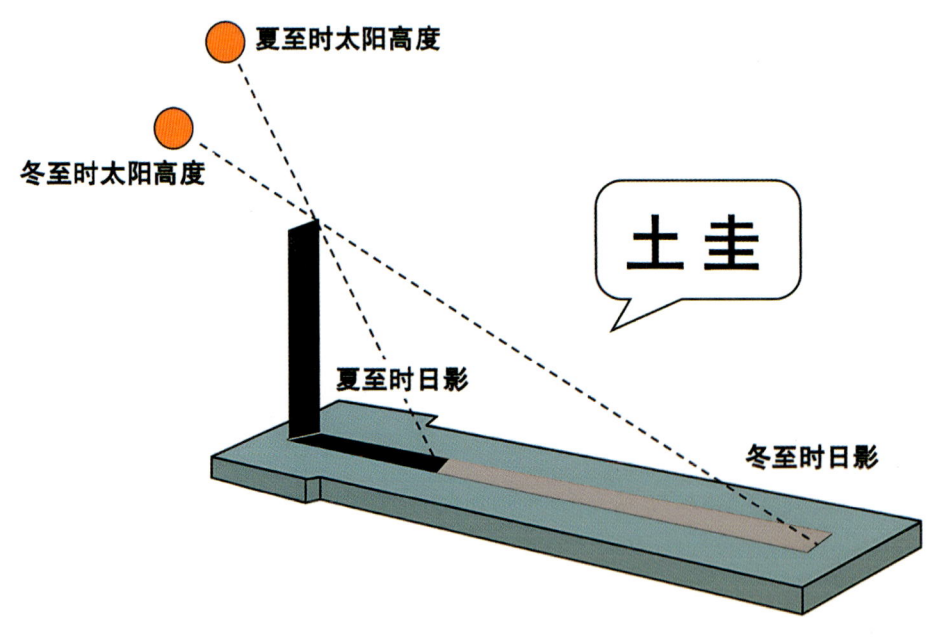

土圭并不土，古代高科技

> 日影的长短是由什么决定的？地球上的寒来暑往是否与地球距离太阳的远近有关呢？

冬至时地球在近日点还是远日点？

地球绕太阳公转的轨道是一个椭圆，其长直径和短直径相差不大，可认为近似正圆。但太阳并不在椭圆中心，因此地球公转时就会经过远日点和近日点。

近日点出现在每年的 1 月初，即在北半球冬至刚过不久，此时地球的北半球是冬季，南半球是夏季，地球距离太阳大约是 1.47 亿公里。远日点则出现在每年的 7 月初，即在北半球夏至刚过之后不久，此时北半球是夏季，南半球是冬季，地球距离太阳大约 1.52 亿公里。近日点与远日点相差约 500 万公里，这点距离只占地球与太阳平均距离 1.5 亿公里的 3.3%，所以近日点与远日点对于地球气温的影响是可以忽略不计的。

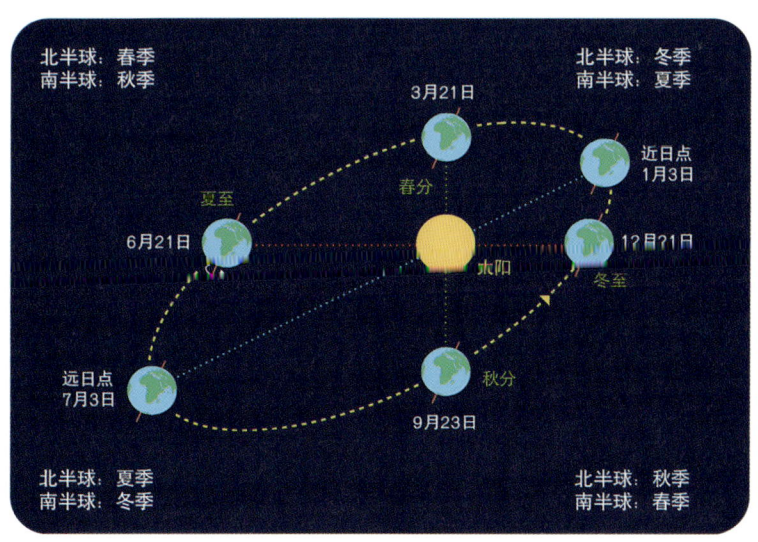

无论近日、远日，差距忽略不计

> 地球上的寒冷或炎热取决于从太阳那里获取的光照，与地球和太阳之间的距离无关，是什么决定了四季温差的变化呢？

为什么地球离太阳越近北半球越冷？

地球上气温的高低，与太阳光入射地球的角度和照射时长关系很大。太阳光入射地面的角度越小，受大气层影响造成的光线衰减和能量损失就越小，那里就越温暖。反之，太阳光入射地面的角度越大，那里就越寒冷。所以，太阳对地球某一地区的入射角度不仅决定了热带、温带和寒带的划分，也决定了春夏秋冬。

一年四季太阳光垂直入射地球的区域只是在赤道两侧的南北回归线之间来回移动，所以赤道地区始终都不会太冷。太阳直射赤道时，全球昼夜时长相等，即春分和秋分。太阳直射北回归线时，北半球昼最长，夜最短，为夏至，而南半球此时为冬季。冬至时太阳直射南回归线，太阳光斜射北半球，越往北白昼越短，温度越低，此时的南半球是夏季。这就是地球上不同地区气温和季节不同的原因。

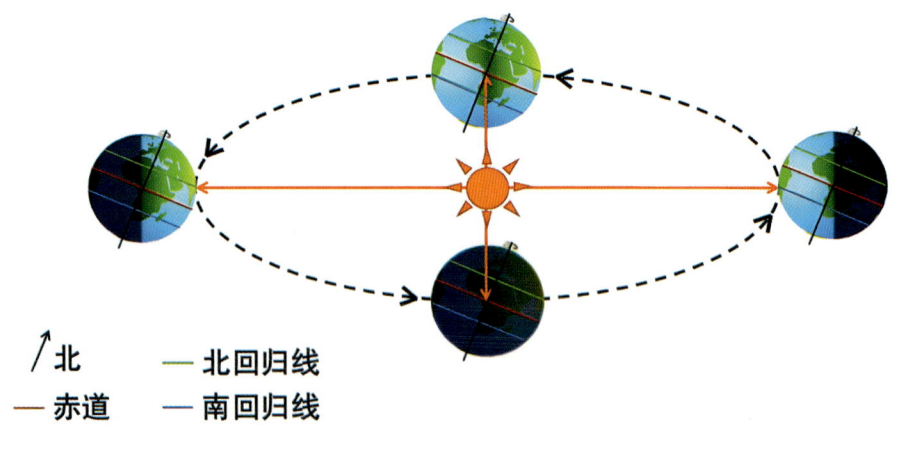

春夏秋冬谁决断，直射斜射是关键

> 冬至节气的 15 天被分为"三候"，你知道冬至的"三候"蕴藏着哪些玄机吗？

冬至一候为何蚯蚓结？

蚯蚓穴居土壤，以腐殖质为食。"蚯"字可能源于其形态细长而柔软的特点。"蚓"字则形象地描述其身体环节一曲一伸的运动方式。在二十四节气的七十二候中，有两候是以蚯蚓的行为方式来表示的，一个是冬至一候的蚯蚓结，另一个是立夏二候的蚯蚓出。

蚯蚓是一种体温随着环境温度的改变而变化的变温动物。当环境温度低于5℃时，蚯蚓就在泥土里把身体蜷成一团，像是打了结儿的绳子一般开始冬眠，人们将其形象地称为蚯蚓结。立夏过后，雨量明显增多，过多的雨水把土粒缝隙中的空气挤压出去，土中的蚯蚓会因缺氧爬到地面呼吸，故曰蚯蚓出。

冬至阴盛阳生，蚯蚓蜷曲冬眠

> 冬至来临，地下精灵都萎靡不振了，地上动物对待寒冷又有什么招数呢？

冬至二候为何麋角解？

麋就是麋鹿，是我国特有的大型食草鹿科动物，常栖息在沼泽地带，以水草和嫩叶为食。由于它角似鹿，脸似马，蹄似牛，尾似驴，因此俗称"四不像"。雄麋鹿头上呈掌状或树枝状的角向后向外伸展，与其他鹿科动物在春夏之交脱去老角不同，麋鹿的老角在寒冷的冬至之后脱落，再慢慢长出新角，古人将麋鹿角脱落称为麋角解。新角外表较厚密的绒毛叫鹿茸，鹿茸不但能防止麋鹿角被冻伤，还是一味名贵中药。

麋鹿角，冬至掉

你看，动物们已经为过冬做好了准备，而此时的大自然也以其独特的方式对寒冷说"不"。

冬至三候为何水泉动？

冬至时节，阳气初生，白昼逐渐变长。虽然江河湖泊的表面还有薄冰，但深埋于地下的山泉水不受地面气温的影响，仍然温热。此时正处于冬至的第三候，正是泡温泉、排毒素，加快体内新陈代谢的绝好时期。

大寒地冻的冬至时节，有泉水涌出，古人认为是阴气鼎盛、阳气破土而出，而实际上是破冰而出的泉水中含有盐分等矿物质，凝固点比水低，不易结冰，这一现象与节气无直接关联。

冬至温泉，地下暖流

> 冬至这天，太阳直射南回归线，之后直射点开始逐渐往北移动，北半球的太阳光更多了，却没有更暖和，这是为什么呢？

为什么冬至后北半球更冷了？

的确，冬至日的阳光对我们所在的北半球最为倾斜，太阳高度最低，日照时间最短，但冬至日的气温却不是最低的。冬至之前不会很冷，是因为地表尚有积热，真正的寒冬是在冬至之后。虽然冬至后太阳直射点北移使北半球地表获得太阳的光和热有所增加，但这是一个缓慢的过程，地表每天散失的热量仍大于接收的热量，入不敷出，因此气温还在下降。直到大寒节气前后，地表积热最少，再加上此时较强的寒潮和频繁的冷空气，天气才最冷。

直到立春前后，由于日照快速增加，地表吸收的热量大于散失的热量，天气才逐渐转暖。

冬至气候寒，进入数九天

虽然冬至之后天气越来越冷，但过了冬至，北半球的白天一天比一天长，到底长多长时间呢？

"吃了冬至面，一天长一线"是何意？

"长一线"是古代妇女做针线活时的计时方式，指冬至后每天可以多做一条线的针线活太阳才下山。由于各地纬度不同，这"一线"长度也不同。以位于北纬40°左右的北京为例，冬至日的日出和日落时间分别是7：30和16：30，夏至日的日出和日落时间分别是4：30和19：30，可以看出冬至日白昼时间比夏至日短了6个小时，而两个节气大约相隔182天，简单计算得知过了冬至，每天白昼长大约2分钟。

中国有句民谚"冬至交九，一九二里半，二九五里多"，意思是从冬至当天开始数九，一九结束时，白天日照的时间能比冬至当天多出行人走二里半的时间。一里是500米，二里半就是1250米，人每秒步行大约1.2米，算下来每天长出的时间也是2分钟左右。这看似简单的一句民谚，充分彰显了我国古代劳动人民的智慧。

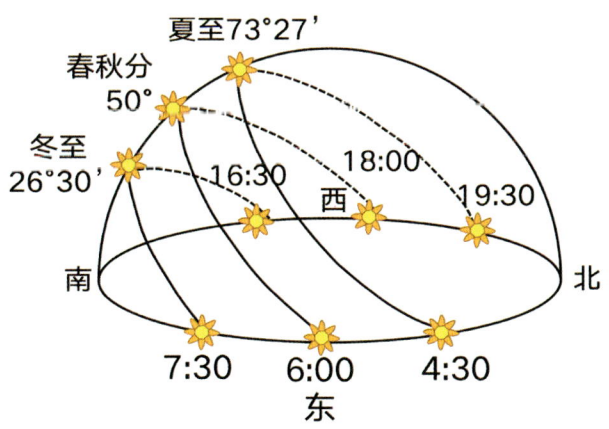

地球自转公转，昼夜时长有变

> 冬至过后北半球白昼一天长于一天，那么是不是日出一天比一天提前、日落一天比一天推迟呢？

冬至是一年中日出最晚、日落最早的一天吗？

冬至后日落确实一天比一天晚，但日出时刻却要到 1 月中旬过后才会感到逐渐提前。所以冬至日并不是日出最晚的一天，这是为什么呢？

其实这是真太阳时和平太阳时的问题。真太阳时是由观测得来的，由于地球的公转速度在椭圆轨道近日点附近要高于远日点附近，而地球自转速度相对恒定，因此就会造成真太阳时在一年中有周期性变化。平太阳时是假想地球在一个标准的圆形轨道上做匀速运动，把一年中每一天的时间都定为钟表计时的 24 小时。两个太阳时的差异，就会影响日出和日落的时刻了。对于北半球来说，全年日落最早的一天都在 11 月 3 日至冬至日之间，全年日出最晚的一天都在冬至日至次年 2 月 12 日之间。

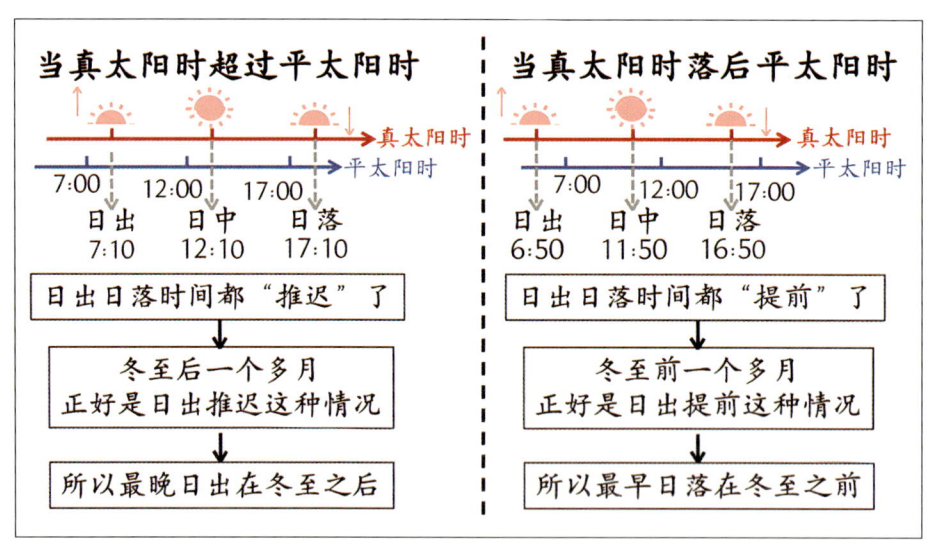

真太阳时符合实际，平太阳时均匀计时

> 冬至不仅是重要的节气，还被古人视为增添年岁的亚岁或小年，为什么古人如此重视冬至呢？

为什么说"冬至大如年"?

冬至,是阴阳转化的关键节气,古人认为此时天地阴气到了极致,而阳气开始升起,正所谓"夏至一阴生,冬至一阳生"。冬至在古代是一年中最吉利的日子,各朝各代都有庆贺冬至的习俗。

三千多年前的周公以冬十一月为正月,以冬至为岁首过新年。到了汉朝,因改用夏历,正月与冬至分开,将冬至设为冬节,举行贺冬大典。魏晋南北朝称冬至为亚岁,全民朝拜。古代的冬至就相当于现代的春节,只不过随着历法的变化,人们将一年中最重大的节日从冬至移到了元旦,最终确定在春节。

冬至大如年,只缘近年关

> 如今,虽然冬至的节日地位有些弱化,但"北方饺子,南方圆子"的冬至习俗已经成为人们舌尖上的记忆。

冬至的饮食文化

农耕社会中人们忙于春播、夏管、秋收，往往无暇品味人生乐趣，只有到了冬季，才能享受一段漫长而悠闲的时光。在寒冷的日子里，亲朋围坐，总要以美食相伴。北方大部分地区冬至吃饺子的习俗与立冬吃饺子一脉相承，都是根据东汉医圣张仲景以祛寒娇耳汤为人们医治冻疮的佳话而来。

话说那年冬天，张仲景辞官回乡时，看到乡亲们饥寒交迫，有不少人的耳朵都冻烂了，十分心痛。他找来羊肉和一些祛寒药材放在锅里熬煮，将药汤分给大家暖身御寒，然后将羊肉、药物捞出来切碎，用面皮包成耳朵的样子，煮熟后分给乡亲们吃。人们吃了"娇耳"，喝了"祛寒汤"，浑身暖和，两耳发热，冻伤的耳朵就痊愈了。

为感念张仲景发明祛寒娇耳汤的恩情，后人模仿制作了饺子，从此让这种美食再也无法撤下中国人的餐桌，至今仍有"冬至不端饺子碗，冻掉耳朵没人管"的民谣。

仲景医圣好心肠，发明祛寒娇耳汤

十 冬至节

由于各地文化的差异,冬至的饮食风俗也各不相同。在北方,冬至除了吃饺子的习俗,还有"冬至馄饨夏至面"的说法。冬至吃馄饨的说法因何而来,版本各有不同,但无论如何,这道鲜香热乎的汤点已流传了千年之久。冬至吃羊肉、喝羊肉汤也有御寒的作用,有道是"冬至不吃肉,冻烂脚指头"。

而以米为主食的南方人,冬至则盛行吃有圆满之意的汤圆,正是"家家捣米做汤圆,知是明朝冬至天"。还有些地区冬至要吃赤豆粥、红豆汤圆或红豆糯米饭以补充能量和营养,因为冬至之后,就进入数九寒天了。

馄饨羊汤暖
汤圆红豆甜
美味又驱寒
冬至祈平安

冬至饮食,南北各异

所谓"数九",就是把冬至作为数九的第一天,以后每九天为"一九",经历九个九天之后,寒冬就过去了。民间流传"数九歌":"一九二九不出手,三九四九冰上走,五九六九沿河看柳,七九河开,八九雁来,九九加一九,耕牛遍地走。"

> 除"数九"之外,我国古代民间还有"画九"和"写九"的习俗呢。

冬至节的书画情结

九尽桃花开的暖春是多么令人向往，民族英雄文天祥的《九九消寒图》就可以记录"九九"的进程和天气的变化。相传南宋爱国志士文天祥被元军押到京城正值冬至，面对凛冽寒风的考验，他胸怀"人生自古谁无死"的大无畏精神，在狱中的墙壁上画了一株素梅，枝上画梅花九朵，每朵梅花九个花瓣，每瓣代表一天，每朵花代表九天，八十一瓣代表"数九天"的八十一天。每过一天他就用颜料涂上一瓣，既计算着自己被囚的时日，又表达了自己凌霜傲雪的英雄气概。花未填满，文天祥就已慷慨就义，但他的《九九消寒图》保留了下来。

红梅花开，冬去春来

还有一种是文字形式的"数九"方法——"写九"。与"画九"类似,这种"数九"的方法是选取九个九画的字,每画代表一天,每个字代表九天,九个字代表九九八十一天。据说这一习俗的兴起,与清代道光帝有着千丝万缕的联系呢!有一年冬至节,喜爱舞文弄墨的道光帝写下"亭前垂柳珍重待春风"九个字,每个字以繁体写出来都是九画,九个字共八十一画。道光帝下令把每个字都钩成空心字贴在墙上,并从冬至起每天填一笔,等九个字都填完了,就是春光明媚的时候了。

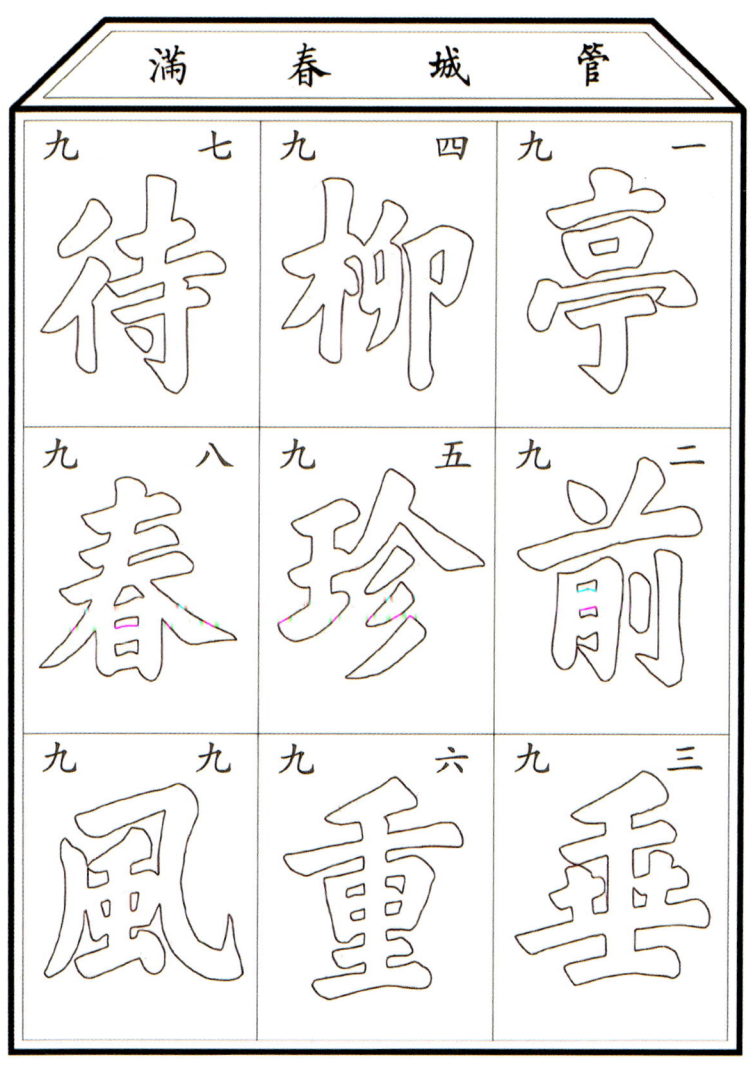

"写九"消寒,静待春天

结语

　　九九数尽寒冬去，溪畔田头草萋萋。冷与暖，夜与昼，阴与阳，旧与新一起交织在冬至，赋予了冬至绵延几千年的文化气息和民俗风情。我们从《数九歌》里可以唱到它，从饺子的清香里可以嗅到它，从美丽的传说里可以听到它，从《九九消寒图》里可以看到它。它清晰地记录了中华民族丰富而多彩的社会文化生活，展示了中华民族的勤劳智慧和博大精深的科学文化。

　　你看，一年中最长的夜带来的不是绝望，而是对渐长白天的希望，在兼具自然与人文两大内涵的冬至民俗文化中，我们不仅领略到祖先们参悟自然、洞悉天地的智慧，更有在凛冽寒冬中不畏严寒霜雪的坚强品格，这不正是我们每一位中国人所需要的吗？